목회자들의 목회적 고민은 교회와 성도들의 질적 성장과 성숙에서 시작되는 경우가 많습니다. 본서는 공적인 예배 중 대표적인 신앙고백으로 언급되는 '사도신경'의 성경적인 기초뿐 아니라 교리와 신학적인 배경까지 해석하고 있습니다. 조금은 생소한 신학 용어와 교리적 배경이 쉽게 설명되어 있어 개인의 성숙을 위한 공부뿐 아니라 교회 양육 현장에서 목회자들이 사용하기에 용이합니다. 또한 각 장의 핵심 용어들을 한눈에 볼 수 있게 정리해놓았고 매 장마다 '생각해 볼 문제'를 통하여 소그룹에서 활용할 수 있는 편의성을 제공하고 있습니다. 교회 현장에서 사도신경을 통해 교리와 신학적인 정초를 다지기 위한 필독서라 생각하여 기꺼이 추천합니다.

고훈_ 진리샘교회 담임목사

주일마다 사도신경을 암송하면서도 사도신경의 의미를 모르는 사람들이 많습니다. 그러나 교리는 성경을 요약한 것이고, 사도신경은 그 교리들을 요약한 것입니다. 따라서 사도신경은 성경의 중추이자 핵심입니다. 이 책은 사도신경을 12장으로 나누어 분석합니다. 성경에 기초하여 사도신경을 해설하고, 각 장 말미에 '생각해 볼 문제'를 제시하는 것으로 마무리합니다. 문장은 깔끔하고, 해설은 쉬우며, 적용은 구체적입니다. 실로 교회를 위한 책입니다. 현장에서 사도신경을 공부하는 데 있어 쉽고 유익하게 사용할 수 있는 책이 드디어 출간되었습니다.

김태희_ 부산 비전교회 담임목사

이렇게 친절한 사도신경 해설서가 있을까요? 저자는 2천 년 교회 역사의 중요한 기독교 신조와 신앙고백, 교리문답을 통해 사도신경을 설명합니다. 여러 이단들과 신학자들의 논쟁을 통해 무엇이 바른 신앙인지를 가르칠 뿐만 아니라 단순한 해설을 넘어 삶의 적용까지 제시합니다. 진정 사도신경이 우리의 신앙고백이 될 수 있도록 도와줍니다. 우리는 이 책을 통해 교회사적 관점의 조직 신학 전반을 두루 살펴볼 수 있습니다.

배준호_ 대원교회 목사, 교구 및 중고등부 담당

신앙의 회복은 신자의 마음에 '확신'이 심어질 때 일어납니다. 그리고 이러한 일은 방대한 성경의 진리가 잘 정리된 교리를 통해 신자의 생각에 명확히 자리 잡을 때 일어남을 자주 목도했습니다. 그러한 면에서 교리문답과 신앙고백서들은 큰 유익이 있지만, 적잖은 분량 때문에 교육 기간을 길게 잡아야 하는 어려움이 있습니다. 그런데 본서는 사도신경에 각 신앙고백서와 교리문답을 완벽하게 적용하고 있습니다. 따라서 성도들에게 굉장히 유익하고 교회 내의 다양한 교육에 적절히 활용할 수 있는 이점을 제공합니다. 심지어 저자 특유의 간결하고 쉬운 문장은 책을 쉽게 읽을 수 있게 해줄 뿐만 아니라, 책 전체를 한 사진에 담듯 뚜렷이 기억하게 해줍니다. 앞으로 본서를 통해 많은 교회들이 성도들에게 신앙의 확신과 기쁨을 가져다줄 것을 기대하며, 온 마음을 다해 추천하고 열렬히 응원합니다.

서형석_ 승동교회 목사, 교구 및 행정수석 담당

교회에서는 성도들을, 신학교에서는 목회자 후보생들을 대상으로 오랜 기간 가르쳐온 저자의 글은 성도들이 쉽게 알아들을 수 있는 언어임에도 교리적으로 정확하고 시대와 문화를 아우르는 풍성한 내용들이 늘 조화를 이룹니다. 입교를 앞둔 학생들과 세례를 앞둔 교인들에게 이 책으로 사도신경을 함께 공부할 생각을 하니 벌써부터 기대가 됩니다. 앞으로 많은 교회들에서 두고두고 활용될 수 있는 귀한 책이 나오게 된 것 같아 참 기쁩니다. 신자라면 꼭 알아야 할 내용들을 성경과 주요 교리문답 및 신앙고백서를 통해 친절하게 알려주는 본서의 가치는, 교회 교육 현장에서 더욱 빛을 발할 것입니다.

신준영_ 정담은 교회 담임목사

성도가 신앙을 고백하는 것은 참 진리 위에서 하나님의 말씀을 바르게 이해하고 그대로 실천해 내겠다는 하나님을 향한 선언입니다. 이 책은 교회는 무엇을 믿고 있으며 그 믿음의 대상과 믿음의 내용은 어떠한지, 삼위 하나님을 향한 고백이 성경적으로 어떤 의미를 가지고 있는지를 성도에게 쉽고 간결하게 설명해 주고 있습니다. 그리고 잘못된 해석들이 각 시대에 얼마나 많이 존재했고 그 해석들이 교회 안으로 침투해왔는지도 제시해 주고 있습니다. 모든 교회의 성도는 이 책을 통해서 예배 예전에서 사도신경으로 신앙을 고백하는 일이 얼마나 중요하고 귀한 일이며 우리들에게 얼마나 큰 위로가 되는지를 깨닫게 될 것입니다.

심요헌_ 옥수장로교회 담임목사

이 책은 사도신경을 통해 우리의 믿는 바와 행할 바를 밝히 보여줍니다. 사도신경의 각각의 내용, 그에 대한 도전과 반론에 대해 성실하게 대답합니다. 그 대답은 쉽고 정확하며 성경적-신학적-교회사적으로 충실합니다. 기독교를 향한 끊임없는 세상의 도전과 교회 내에서 그리스도를 알기 위해 애쓰는 신자들의 질문에 대한 답을 이토록 얇은 책이 풍성하게 담고 있다는 사실이 놀랍습니다. 하나님께서 저자에게 주신 특별하고 귀한 은사라고 믿습니다. 가능하다면, 이대로 설교하고 공부하며 책의 내용들을 교인들과 나누고 싶습니다. 많은 분들이 함께 읽고 나누며 믿음의 유익을 누리시길 바랍니다.

이수환_ 강변교회 담임목사

사도신경은 성경 전체가 계시하는 내용 중에서도 가장 핵심적인 내용을 단 열두 개의 문장으로 요약한 신조입니다. 이 신조는 철이 더욱 날카로워지기 위해 숱한 담금질의 과정을 거치듯, 진리의 토대 위에서 교회의 일치를 위해 치열한 논쟁의 과정을 거친 것입니다. 이러한 이유로 사도신경을 잘 설명하기 위해서는 반드시 두 가지가 있어야 하는데, 이는 '명료함'과 '간결함'입니다. 성경적, 교리적으로는 명료해야 하고, 역사적으로는 간결해야 합니다. 물론 명료함에 집중하다 보면 내용이 길어질 수 있고, 간결함에 집중하다 보면 내용이 부실해질 수 있습니다. 그러나 본서의 저자는 둘 중 어느 한쪽에 치우치지 않고, 명료함과 간결함을 적절히 배합하는 데 성공했습니다. 따라서 성도들이 개인적으로 읽을 뿐만 아니라 목회자가 성도들을 가르치기 위한 교재로 사용하기에 결코 부족함이 없을 것이라 확신합니다.

이환희_ 남현교회 목사, 청년부 교육 디렉터 담당

이 책을 읽고 딱 세 단어가 떠올랐습니다. '쉽다. 깔끔하다. 목회적이다.' 사도신경을 교회에서 가르치기에 이보다 좋은 지침서, 교재는 없을 것 같습니다. 성경을 바탕으로 하면서 여러 교리문답을 아우르고, 핵심을 짚으면서도 어려운 문제를 에둘러 버리지 않습니다. 머리에 머물지 않고 영혼 깊은 곳까지 파고드는 책입니다.

하늘샘_ 동서남북교회 목사, 미국 칼빈신학교 박사 과정

사도신경

사도신경

초판 1쇄 발행 2022년 6월 7일
초판 2쇄 발행 2024년 4월 20일

지은이 신호섭
펴낸이 박지나
펴낸곳 도서출판 지우
출판등록 2021년 6월 10일 제399-2021-000036호
이메일 jiwoopublisher@gmail.com
인스타그램 instagram.com/jiwoopub
페이스북 facebook.com/jiwoopublisher
유튜브 youtube.com/@jiwoopub

ISBN 979-11-977440-1-3 03230

ⓒ 지우

기독교신앙 바로알기 시리즈 01

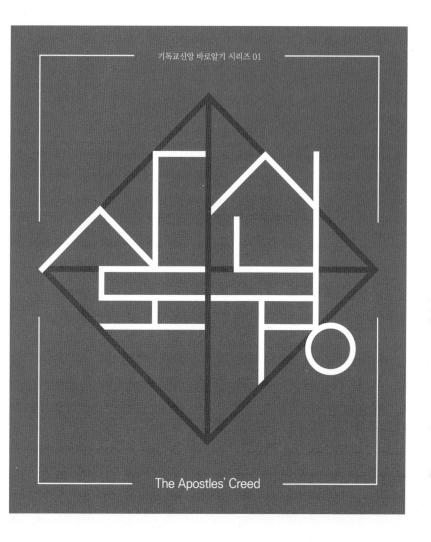

The Apostles' Creed

사도신경을 통해
기독교 신앙의 핵심을 배우다

사도신경

지우

신호섭

The Apostles' Creed

차 례

저자 서문

전무후무한 종교개혁자 장 칼뱅으로부터 배웠던 카스파르 올레비아누스에 따르면 사도신경은 기독교 신앙의 굳건한 토대입니다. 신약교회의 태동 이래로 교회는 계속해서 방대한 성경의 진리를 체계적으로 정리해 왔고, 그 열매들이 지금 우리가 접하고 있는 훌륭한 여러 신조 및 교리문답과 신앙고백서들입니다.

그런데 빛나는 이 모든 신조들의 표준이 바로 다름 아닌 사도신경입니다. 거의 모든 역사적 신조들이 사도신경의 구조와 내용을 따르고 있습니다. 따라서 사도신경을 믿고 고백한다는 것은 기독교의 근본 교리를 받아들이고 따른다는 것을 의미합니다. 이런 의미에서 교회의 주일 공적 예배 시에 모든 성도들이 사도신경을 고백하는 것은 교회의 오랜 전통이 되었습니다. 뿐만 아니라 사도신경은 한 사람을 기독교회의 회원으로 가입시키는 세례 교육을 위한 주요 교리의 표준이었습니다. 사도신경은 비록 짧은 12문장으로 구성되었지만, 그 내용은 성경의 근본 교리를 모두 담고 있을 만큼 심오합니다.

오늘날 우리는 전혀 새로운 세대의 도전에 직면해 있습니다. 성경적(역사적, 교리적)이고 체험적인 신앙생활이 아닌 그저 복잡하고 엄밀한 것을 싫어하는, 재미있고 사교적이며 문화적인 신앙생활을 하는 세대 말입니다. 하지만 이런 때일수록 교회에는 더욱 굳건한 토대가 필요합니다. 그것은 교회가 다시 기독교의 기본으로 돌아가는 것입니다. 마이클 호튼은 그의 책 『그리스도 없는 기독교』(Christless Christianity)에서 미국의 기독교가 그리스도 없는 기독교화되어가고 있다고 경고한 바 있습니다. 교회는 교회인데 진리이신 그리스도가 안 계신 교회 말입니다. 저는 동일한 어조로 한국의 기독교가 '교리 없는 기독교'(Doctrineless Christianity)화 되어가고 있다고 말하고 싶습니다. 교회는 교회인데 성경의 가르침인 교리가 전혀 없는 사교적이고 문화적인 동호회 말입니다.

이런 교회는 핍박이 오거나, 이단이 공격해 올 때 속수무책으로 넘어질 가능성이 큽니다. 왜냐하면 진리의 말씀인 교리에 깊이 뿌리내리지 않아 그 토대가 송두리째 흔들리기 때문입니다. 교리는 우리가 믿는 신앙의 뼈와 근육과 같아서 교리 없는 신앙은 마치 형체가 없는 몸과 같습니다. 마찬가지로 교리 없는 기독교는 마시멜로처럼 감미롭고 달콤할지 모르지만 영적 건강에는 하나도 좋지 않습니다. 역사신학자 칼 트루먼은 『교리와 신앙』(The Creedal Imperative)에서 성경 자체가 신조의 필요성을 가르친다는 사실을 고려한다면 신조를 부정하고 성경만을 소유한다는 주장은 비논리적이라고 지적하면서 이렇게 말합니다.

어쩌면 신조와 신앙고백서만이 건강한 교회를 세우는 유일한 방법이 아닐 수도 있다. 그러나 그것들은 분명 사도 시대가 막을 내린 이후 오늘날에 이르기까지, 가장 많은 그리스도인이 건강한 교회를 세우기 위해 선택한 규범이다. 신조를 부정하고 성경만을 유일한 신조로 내세우는 교회가 건강한 교회로 자랄 수 있다는 증거는 역사 속에서 거의 찾아볼 수 없다.

사도신경은 초대교부들로부터 21세기를 살아가는 현대교회의 모든 성도들에게 이르기까지 시간과 공간을 초월하여 어디서나 누구에게나 동일한 믿음의 고백이었습니다. 초대 교부인 이레니우스는 기독교 이단들을 배격하면서 기독교신앙의 핵심교리 3가지를 언급했는데 그것은 바로 전능하신 창조주 하나님 아버지, 우리를 구원하기 위해 이 땅에 오신 하나님의 유일하신 아들 예수 그리스도, 그리고 선지자들을 통해 하나님의 섭리를 전파하시는 성령님이십니다. 교회는 바로 성부와 성자와 성령 하나님의 존재하심과 사역을 한 마음과 한 영으로 믿고 가르쳐야 합니다. 그것이 바로 사도신경입니다.

저는 이 책을 교리사적 관점에서 집필했습니다. 많은 저자 가운데 루이스 벌코프의 『교리의 역사』(The History of Doctrine)가 도움이 되었습니다. 금번에 도서출판 지우에서 내는 사도신경은 비록 분량은 적지만 그 깊이는 결코 작지 않습니다. 기독교 2천 년 역사 속에 발생했던 수많은 교리적 논쟁의 결과물이 담겨 있기 때문입니다. 부디 간략하지만 심오한 이 사도신경 해설을 통해 한국교회와 성도들이 다시 교리적 신앙을 회복하고 하나님의 말씀에 깊이 뿌리내리기를 소망합니다. 또한 교리적 신앙의 회복을 통해 한국교회가 더욱 건강해지고 도리어 교리를 통해 부흥하고 성장하는 교회들이 많아지기를 소망합니다.

이번 책의 추천사는 고훈 목사님 외에 후배들과 제자들이 써 주었습니다. 추천의 글을 써준 고마운 후배들과 제자들에게 감사의 마음을 전합니다.

2022년 눈부신 5월 어느 날
행신동 올곧은교회 목양실에서
신호섭 목사

출판사 서문

죄로 오염된 인류는 스스로 지혜로울 수 없습니다. 때문에 항상 자신의 부족함을 깨달으며(지우, 知愚) 살아가야 합니다. 어리석음을 버리고 생명을 얻으며 명철의 길을 행해야 합니다(잠 9:6). 그런데 우리가 잘못되었고 틀렸음을 어떻게 알 수 있습니까? 그것은 올바른 기준, 즉 바른 진리를 통해서입니다. 신자에겐 하나님의 말씀이자 예수 그리스도의 가르침인 성경이 그 기준입니다.

기독교 신앙은 그리스도의 가르침을 믿고 따르는 것입니다. 그 가르침의 가장 중요한 핵심은 우리를 창조하신 하나님이시자 우리를 죄로부터 구원해 주신 하나님, 즉 창조주요 구속주이신 삼위 하나님을 믿는 것입니다. 이 믿음이야말로 신자와 교회의 모든 소망과 삶의 근간이며, 우리의 존재와 예배드림의 이유입니다. 즉 신자가 직면하는 모든 것의 기준인 것입니다. 고로 우리의 생각과 행동은 모두 이 믿음에 근거해야 합니다.

사도신경은 이러한 기독교 신앙의 핵심을 간결하게 정리해 놓은 공교회의 가장 중요한 '신조'입니다. 시간적으로는 창조에서부터 종말과 그 이후 영원까지, 내용적으로는 삼위 하나님과 교회와 성도의 교제, 부활과 영생까지 아우릅니다. 사도신경은 성경 전체의 중요한 내용을 12 문장에 골고루 나누어 담았습니다. 남녀노소를 막론하고 누구나 이해하고 숙지할 수 있는 수준의 분량과 표현으로 중요한 교리들을 담아낸 사도신경은, 이러한 특성으로 인해 공예배를 비롯한 모든 예배 현장에서 신앙을 고백할 때 사용되며, 세례 교육에도 중요하게 활용됩니다. 이 책은 이러한 사도신경의 당위와 용도를 고려한 교회 교육용 사도신경 해설서입니다.

저자는 사도신경 각 문장의 의미와 역사적 형성 과정을 간결하게 설명합니다. 해설은 쉽고 친절하며 성경과 역사적 신앙고백에 근거하기에 단호하고 명료합니다. 이와 더불어 책에는 교회 현장에서 늘 마주하는 교육적인 필요를 반영하고자 노력했습니다. 교회 내 소모임과 세례 교육, 가정예배에서도 활용할 수 있도록 각 장 말미에 '생각해 볼 문제'를 정리해 수록했습니다. 이 원고를 가장 처음 읽은 저희 집 큰 딸, 6학년 지우는 글이 쉽고 재미있었으며 특별히 부활을 다룬 11장은 감동적이었다고 고백했습니다. 모든 연령대의 신자들이 이 책을 함께 읽고 나누기를 도전합니다.

바쁜 현대인들의 일상은 방향을 잃은 헛된 열정과, 욕망에 이끌린 막연한 목표로만 가득 차 있는 것 같습니다. 부끄럽지만 최근 저의 모습이 이러했습니다. 분주함으로 가득한 무질서한 일상이었습니다. 다시 회복하고자 마음 먹었을 때, 가장 먼저 회복해야 할 것은 신앙이었고, 그때 생각한 것이 사도신경을 통해 믿음의 기초를 다시 세우는 것이었습니다. 다시 기준 앞에 서서 잘못을 바로잡는 일은 괴롭고 힘이 들지만, 그 과정 뒤에 찾아오는 회복은 우리를 격려하고 위로합니다. 진리는 책망과 치유와 회복과 안식 모두를 우리에게 선사합니다. 오래도록 옆에서 지켜본 저자의 삶이 이러했습니다. 자신의 신학적 입장에 늘 정직하고 단호하며, 언제나 교회와 성도를 진심으로 아끼고, 목회라는 힘든 소명을 감당하는 후배들을 사랑으로 섬기는 저자의 마음이 이 책에 고스란히 담겨 있습니다.

늘 아무 생각 없이 주문처럼 외우기만 하던 사도신경의 한 문장 한 문장을 이 책과 함께 다시금 천천히 상고해 봅시다. 우리가 지녔던 믿음의 불안함은 어쩌면 잘못된 '다른' 진리가 우리 마음 한편을 차지하고 있었기 때문일 수도 있습니다. 독자들이 이 책을 통해 '바른' 진리를 알고 그 진리로 인해 참 자유를 누리게 되길 소원합니다.

지우

The Apostles' Creed

1장

* * *

전능하신 하나님 아버지

주요 용어 : 신앙고백, 계시, 삼위일체, 신격, 위격, 양태론,
삼신론, 동일본질, 창조주, 구속주

사도신경의 기원

예수님께서 가르쳐주신 주기도문이 기도 중의 기도라면 사도신경은 신조 중의 신조입니다. 주기도문과 달리 사도신경은 사도들이 작성한 것이 아닙니다. 그럼에도 사도신경이라 불리는 이유는 사도들의 신앙고백과 교리를 고스란히 담고 있기 때문입니다. 따라서 사도신경은 초기 교회 공동체가 회심한 성도에게 세례를 주어 교회의 정식 회원으로 받아들일 때 그들의 믿음과 고백의 진정성을 확인하기 위해 사용되었습니다. 예수 그리스도께서 모든 민족을 제자로 삼아 아버지와 아들과 성령의 이름으로 세례를 주라고 하신 그 명령을 따라 세례 받는 자들의 믿음과 고백을 확인하고자 한 것입니다.

　사도신경은 교리적인 싸움이나 논쟁을 통해 제정된 것
이 아니기에 성경의 흐름이 반영된 자연스러운 순서를 따
릅니다. 하나님과 하나님의 창조로부터 시작해서 예수 그
리스도와 성령 잉태, 고난, 십자가 죽음, 부활, 승천, 하나
님의 보좌 우편, 재림, 심판, 그리고 영생에 담긴 하나님의
구속 경륜을 다루고 마지막으로는 성령을 믿는다는 고백
을 통해 삼위일체적인 특징을 지닙니다. 이처럼 사도신경
은 단순하고 간략한 형태로 진술되었으나 그리스도인들
이 믿어야 할 중요한 성경의 진리를 빠짐없이 담고 있습니
다. 교파나 신앙의 높고 낮음을 막론하고 어떠한 상황이
나 예배에서도 우리가 믿는 바로 고백하기에 부족함이 없
는 기독교의 가장 중요한 신조라고 할 수 있습니다.

　이러한 사도신경은 베드로의 신앙고백으로부터 시작
됩니다(마 16:16). 이 신앙고백이 세례의식에 사용되기 위
해 삼위일체의 순서를 따라 배열되었고, 점차 발전하여
6~7세기에 이르러 현재와 유사한 형태를 갖추게 됩니다.
그러므로 사도신경은 계시가 아닙니다. 하나님께서 사람
에게 주신 말씀이 아니라 하나님께서 주신 계시에 대한
응답으로 우리가 하나님께 드리는 믿음의 고백문입니다.

이렇듯 교회가 받아들인 최초의 공식적 사도신경 본문은 이후 서방교회나 동방교회가 각각 그들에게 맞는 다른 형태의 사도신경을 사용했습니다. 그러나 크게는 고대 로마형과 로마의 교회가 다른 여러 지역의 신앙고백들을 종합하여 새로운 형태의 신앙고백으로 만든 공인된 본문형, 이렇게 두 종류로 구분됩니다. 오늘날 우리가 사용하는 사도신경은 이 둘의 중간 형태를 취합니다.

성경이 말하는 삼위일체

사도신경은 '전능하사 천지를 만드신 하나님 아버지를 내가 믿사오며'로 시작합니다. 여기서 강조되는 주체는 하나님이십니다. 그분만이 전능하시며 천지를 창조하신 하나님이시며 아버지이십니다. 하지만 문제는 이어지는 진술입니다. 사도신경은 이어지는 고백을 통해 성자 하나님, 성령 하나님에 대해 언급합니다. 한 분 하나님이 성부와 성자와 성령으로 존재하신다고 고백합니다. 하이델베르크 교리문답 25문답은 '하나님께서는 오직 한 분뿐이신데 왜 아버지와 아들과 성령의 세 위격을 말합니까?'라는 질문에 대해 '하나님께서 그 말씀 속에서 자신을 그렇게 계시하셨기 때문입니다. 곧 이 구별된 삼위께서 한 분이시오 참되고 영원하신 하나님이시라고 계시하셨습니다'라고 답합니다. 말하자면, 사도신경은 하나님을 오직 한 분 하나님이시면서 삼위라는 각각의 신격(divine person)을 지니신 존재로 설명하는 것입니다. 하나님께서 당신의 말씀인 성경을 통해 그렇게 계시하셨습니다. 성경 전체가 이를 말하고 있으며 구약을 거쳐 신약에 이르러서는 삼위 하나님에 대한 각각의 표현이 보다 분명해집니다.

한 분 하나님? 세 분 하나님?

우선 하나님은 오직 한 분이십니다. 이는 특히 구약성경에서 두드러지게 강조되는 진술입니다. 출애굽한 이스라엘 민족은 "너는 나 외에 다른 신들을 네게 두지 말라"는 계명을 받았습니다(출 20:3). 여호와 하나님은 오직 한 분이신 유일신 하나님이십니다(신 6:4). 구약이 하나님을 유일신으로 진술하는 이유는 당시 이스라엘 민족이 각종 우상숭배와 다신론의 문화 속에서 살았기 때문입니다. 하지만 성경은 동시에 점진적으로 하나님의 세 위격을 계시합니다. 구약시대에 이미 존재하셨고 활동하셨던 성부와 성자와 성령께서는 역사를 통해 계시되었고 신약시대에 완전하게 드러나셨습니다. 예언의 말씀을 따라 때가 차매 하나님의 아들이 여자에게서 나셨고(갈 4:4), 오순절 날 성령이 임하셨습니다(행 2). 요한은 말씀이신 그리스도를 하나님이시라고 소개하고(요 1:1), 누가는 마리아에게 성령이 임하셔서 지극히 높으신 이의 능력이 덮을 때 나실 이가 하나님의 아들이라고 하며 성부와 성자와 성령을 언급합니다(눅 1:35). 하나님께서는 한 신적 본질과 본체 안에 완벽하게 연합되어 있지만, 또한 구별되는 의지와 주체를 가지신 성부와 성자와 성령이시라는 세 위격으로 계십니다. 이처럼 성경은 삼위 하나님의 독특성을 계시합니다. 그러한 성경을 따라 사도신경 역시 성부 하나님, 성자 하나님, 그리고 성부와 성자의 영이신 성령 하나님을 고백합니다.

하지만 이러한 유일신론은 초기 교회 이단들인 에비온파나 사벨리우스, 아리우스 그리고 가깝게는 단일신론주의(unitarianism) 등에 의해 공격당해 왔습니다. 이들의 공통점은 하나님의 통일성을 강조하는 것입니다. 역사적으로 이들은 하나님께서 창조하시고 율법을 수여하실 때는 성부로, 성육신 하실 때는 성자로, 중생과 성화에서는 성령으로 각각 변화되어 나타났다고 주장하기도 합니다. 이것은 한 하나님이 각기 다른 시대에 다른 모양으로 나타났음을 의미하는데 마치 연극에서 1인 3역을 하는 것과 같습니다. 이를 가리켜 한 분이 양태를 달리하여 나타난다고 해서 양태론(modalism)이라 부르고 반대로 본래 세 분의 하나님이 계시다는 것이 삼신론(tri-theism)입니다. 이 둘 모두 비성경적입니다.

알렉산드리아의 장로인 아리우스는 오직 한 분 하나님만 계시며 이 하나님은 존재의 시작이 없고 창조되거나 출생되지 않으신 분이라고 주장합니다. 그에 반해 예수님에 대해서는 좀 더 과도한 주장을 펼칩니다. 아리우스는 예수 그리스도가 하나님과는 달리 출생이 있으며 창조되었다고 주장했고, 하나님의 아들로 인정되었기에 사람들로부터 존경을 받지만 하나님보다는 열등한 존재로 여겨진다고 주장했습니다. 바로 여기서 성자 종속설(subordinationism)이 나옵니다. 말하자면 초대교회 때나 지금이나 유행하듯이 성부는 성자보다 더 높고 성자는 성령보다 더 높은 분이라는 말입니다. 하지만 알렉산드리아의 아타나시우스는 성자가 창조되었다는 아리우스의 주장을 배격했으며, 성자 역시 성부와 같이 존재의 시작이 없고 창조되지 않음으로 성부와 동일본질(homoousios)이심을 분명히 했습니다. 만일 삼위의 위격이 한 신적인 본체 안에서 완벽하게 연합되어 있지 않다면 이방종교의 다신론이나 삼신론이 될 것은 불 보듯 뻔한 일입니다. 인간의 지성으로 삼위일체의 신비를 온전히 이해하기는 어렵습니다. 그래서 우리는 지성의 한계를 인정하는 가운데 말씀의 범위 내에서 겸손하게 이 교리에 접근해야 합니다.

기독교 신앙의 핵심(1) : 천지를 창조하신 전능하신 하나님

사도신경에서 고백되는 삼위로 계신 한 분 하나님은 무엇보다도 천지(온 우주와 만물과 사람)를 만드신 창조주이십니다. 성경은 하늘과 땅을 만드실 때 성부와 성령께서 함께 계셨다고 기록하고 있고(창 1:1-2) 성자 하나님께서는 성부 성령과 완전하게 연합하여 계시기 때문에 창조사역에 함께 관여하셨습니다. 이는 "우리가 우리의 모양을 따라 우리의 형상대로" 사람을 창조하신 기록을 보면 더욱 분명해집니다(창 1:26). 하나님은 아무것도 없는 데서 모든 만물을 창조하실 만큼 전능하시며 지으신 모든 만물을 지금도 여전히 영원한 작정과 섭리로 다스리고 통치하고 보존하십니다. 더욱이 신자는 이러한 능력의 하나님을 바로 나의 아버지로 믿고 고백합니다. 하지만 18세기에 등장한 이신론(deism)은 하나님이 천지만물을 창조하신 후에 우주에 일정한 법칙을 부여하셨기 때문에 우주는 그런 법칙 하에 자연적으로 움직여 간다고 주장합니다. 즉 이신론의 하나님은 우주 뒤에 숨어서 더 이상 우주와 역사에 관여

하지 않으시는 하나님이 됩니다. 그러나 성경의 하나님은 그렇지 않으십니다. 하나님은 만물을 창조하신 후에 만물을 버리시거나 또는 운명이나 우연에 맡기지 않으시고 당신의 거룩한 뜻에 따라 다스리시고 통치하십니다(벨직신앙고백서 13항).

기독교 신앙의 핵심(2) : 우리를 구원하신 하나님

사도신경에서 고백되는 삼위로 계신 한 분 하나님은 또한 자신의 백성을 구원하시는 하나님이십니다. 성부 하나님께서는 성자와 성령과 함께 구원을 계획하셨고, 성자께서는 십자가에서 죽으심으로 우리를 위해 구속사역을 완성하셨으며, 우리는 성령의 적용하심을 통해 그것을 깨닫고 경험합니다. 삼위일체 교리는 단순히 지식적으로 이해하고 의지적으로 동의하는 것 이상의 의미를 가지고 있습니다. 이 교리를 통해 우리는 구원의 경륜을 이해하고 구원의 은혜를 보다 풍성히 누릴 수 있습니다. 또한 삼위일체 교리는 구원받은 신자의 존재 양식, 나아가 하나님의 형상인 인간이 어떻게 존재하고 살아가야 하는지도 보여줍니다. 완전히 구별되시면서도 사랑으로 완전히 하나이신 삼위 하나님과 같이 우리도 내 옆의 지체를 존중하고 사랑으로 하나가 되어야 합니다. 특별히 교회는 이러한 연합을 통해 하나님의 사랑을 이웃과 세상에 온전히 드러내야 합니다. 삼위일체 교리는 우리가 받은 구원의 은혜와 구원받은 우리가 어떻게 살아야 하는지를 총체적으로 보여줍니다.

우리의 참된 위로요 힘이신 삼위 하나님

신자는 무책임하거나 무능력한 아버지를 믿지 않습니다. 전능하신 하나님을 믿는다는 것은, 하나님께서 성부와 성자와 성령으로 역사하셔서 천지만물을 창조하시고 다스리시고 섭리하시며 나를 구원하시기에 어떤 고난과 역경 가운데서도 인내하며 감사할 수 있다는 것을 의미합니다. 신자는 이러한 방식으로 하나님 아버지를 신뢰합니다. 성부께서는 이를 위해 우리를 성도로 부르셨고 이를 위해 성자께서는 늘 우리를 중보하시며 성령께서는 늘 우리를 도우십니다. 전능하신 하나님은 삼위로 계시는 자랑스러운 나의 아버지이십니다. 우리의 육신의 아버지는 자녀가 어려움에 빠질 때마다 항상 도울 수 있는 존재는 아닙니다. 도와주고 싶은 마음은 있지만 능력이 없을 때가 많습니다. 그러나 하늘의 하나님 아버지는 우리를 사랑하시는 자비의 아버지이실 뿐만 아니라 우리를 항상 도우실 수 있는 전능하신 아버지이십니다. 그래서 우리는 하나님을 자랑할 수 있습니다. 이것이 바로 복된 소식 즉 복음입니다!

복음은 천지를 창조하신 하나님께서 나의 아버지가 되신다는 선포입니다. 그러므로 이 복음은 그분이 내 영혼과 몸에 필요한 모든 것을 채워주시고 이 눈물 골짜기 같은 세상에서 내게 주시는 어떤 역경도 마침내 선으로 바꾸어 주실 것을 조금도 의심하지 않는다고 고백할 수 있게 만들어 줍니다(하이델베르크 교리문답 26문답). 수많은 신앙의 선배들이 그렇게 살았습니다. 우리도 또한 그렇게 살기를 소원합니다.

1. 사도신경이 기독교의 대표적인 신앙고백인 이유는 무엇입니까?

2. 사도신경이 삼위일체적인 특징을 지닌다는 말의 의미는 무엇입니까?

3. 삼위일체에 대한 잘못된 이해에는 어떠한 것들이 있습니까?

4. 기독교 신앙의 핵심이 되는 하나님에 대한 두 가지 중요한 개념은 무엇입니까?

The Apostles' Creed

2장

* * *

독생자, 주 예수 그리스도

우리 주 예수 그리스도

우리 주 예수 그리스도는 성경에서 가장 많이 발견되는 표현입니다. 특별히 이 호칭은 그리스도의 인격과 사역을 설명하는 서신서에 집중되어 있습니다. 바울은 복음을 설명하면서 "이 복음은 하나님이 선지자들을 통하여 그의 아들에 관하여 성경에 미리 약속하신 것이라 그의 아들에 관하여 말하면 …… 곧 우리 주 예수 그리스도시니라"라고 기록한 바 있습니다(롬 1:2~4, 고전 1:7, 고후 1:3, 엡 1:3, 빌 3:20, 골 1:3, 살전 5:9, 딤전 1:12, 벧전 1:3, 유 1:4). 이로 볼 때 사도신경에 담긴 '그 외아들(독생자) 우리 주 예수 그리스도'라는 이름은 성경적인 표현입니다. 서신서가 이렇게 나 많이 우리 주 예수 그리스도에 대해 언급하는 이유는 성경의 기록 목적이 바로 예수 그리스도가 누구신지 그리고 그가 어떤 일을 하셨는지에 집중되어 있기 때문입니다. 사도신경에 예수 그리스도에 대한 분량이 가장 많은 이유도 이 때문입니다.

예수님에 관한 잘못된 이해

사도신경이 그리스도에 많은 분량을 할애한 또 다른 이유는 기독교 역사상 특별히 초대교회의 출현 이후로 예수 그리스도가 누구신지에 대한 논쟁이 계속되었기 때문입니다. 종교개혁 이래 16~17세기는 실로 신조의 시대였습니다. 세 일치 신조(하이델베르크 요리문답, 도르트 신경, 벨직신앙고백서)와 웨스트민스터 신앙고백서와 대소요리문답을 비롯한 다양한 신조들이 이 시기에 많이 작성되었습니다. 이 당시의 신조는 일반적으로 우리가 어떻게 구원받는지에 대한 관심이 컸습니다. 그러나 종교개혁 이전인 초대교회 이후 사도신경이 완성될 무렵에는 삼위일체 교리가 중요한 관심사였고, 그 가운데서도 그리스도에 관한 논의가 늘 중심이었습니다. 당시 이 교리에 대한 질문은 예수님이 누구신가에 집중되었습니다. 이 질문은 매우 중요합니다.

이에 대한 올바른 대답이 신자와 교회의 운명을 좌우하기 때문입니다. 정통이 있으면 이단이 있기 마련입니다. 이단의 출현으로 많은 이들이 미혹당하고 잘못된 길로 빠지기도 했지만 한편으론 이러한 잘못된 주장이나 가르침에 맞서 더욱 정교한 교리가 세워질 수 있었습니다. 주후 4~5세기경에 예수님에 대한 잘못된 가르침을 주장했던 인물은 크게 서너 명 정도로 볼 수 있습니다.

첫째는 이집트 알렉산드리아 출신의 아리우스입니다. 그는 예수 그리스도가 출생이 있으며 창조되었다고 주장했고, 하나님의 아들로 인정되었기에 사람들로부터 존경을 받지만 하나님보다는 열등한 존재라고 주장했습니다. 둘째는 라오디게아의 감독이었던 아폴로나리우스입니다. 그는 아리우스와는 정반대로 그리스도의 신성을 보호하려는 나머지 로고스가 인간의 영(이성)을 대신했다고 말함으로 예수님의 인성을 이성이 없는 인성으로 만들어 버렸습니다. 셋째는 콘스탄티노폴리스의 대주교였던 네스토리우스입니다. 그는 아폴로나리우스와는 정반대로 인성을 정당화하기 위해 신성을 희생시켰습니다. 예수 그리스도가 경배를 받은 것은 그가 하나님이기 때문이 아니라 신성을 소유했고 하나님을 지참(god-bearer)했기 때문이라고 주장했습니다. 마지막은 알렉산드리아 학파를 지지했던 유티커스입니다. 그는 그리스도의 신성과 인성이 혼합되어 일종의 제3의 인물(tertium quod)이 되었다고 주장합니다. 유티커스는 예수님의 몸은 우리와 같은 인간의 몸과는 다르다고 주장했으며, 결과적으로 예수님을 사람도 하나님도 이도저도 아닌 이상한 존재로 만들어 버렸습니다.

칼케돈 신경

이러한 주장들은 삼위일체 가운데 제2위이신 성자 하나님의 성육신을 올바르게 이해하지 못한 결과입니다. 칼케돈 신경은 이러한 그리스도의 신성과 인성에 가해진 공격을 배격하고 정죄하는 동시에, 성육신하신 로고스에 대한 교리의 체계화를 위해 주후 451년 칼케돈에서 소집된 제4차, 제5차 토의에서 제정되었습니다. 칼케돈 신경은 주후 325년에 아리우스의 사상에 맞서 성부와 성자의 동일본질을 천명한 니케아 신경을 계승했으며, 그리스도의 신성과 인성을 바르게 이해하지 못했던 네스토리우스와 유티커스의 사상을 배격했습니다. 따라서 그리스도가 하나님의 참되신 성육신이시며, 완전하시고 무죄한 사람이시며, 진정한 신-인이시며, 그럼에도 신성과 인성이 구분되고 동시에 통일되며, 신성과 인성의 교통 즉 속성 간에 교통하심을 바르게 드러냈습니다. 또한 그리스도의 인성과 신성을 설명하기 위해 혼합 없이(asuggutos), 변화 없이(atreptos), 분할 없이(adiairetos), 그리고 분리 없이(achoristos)라는 네 개의 부정적인 용어를 신중하게 사용했습니다. 이후에도 그리스도의 인성과 신성에 대한 논쟁은 계속 반복되었으나 위에 언급한 4가지 범주를 벗어나지 않았습니다.

독생자: 독생하신 하나님의 아들

이러한 역사적 배경의 논쟁 속에서 사도신경은 성자 하나님에 대해 '나는 그의 유일하신(독생하신) 아들, 우리 주 예수 그리스도를 믿습니다'라고 고백합니다. 이 문장은 예수 그리스도의 존재와 인격을 나타냅니다. 여기 독생(獨生, only-begotten)하신 이란 말은 '유일하게 출생한' 이란 뜻입니다. 이 말은 삼위일체 하나님의 구속의 경륜 속에서 하나님의 아들로 오시는 성자 예수님의 위격을 잘 드러냅니다. 요한은 "말씀이 육신이 되어 우리 가운데 거하시매 우리가 그의 영광을 보니 아버지의 독생자의 영광이요 은혜와 진리가 충만하더라"라고 했습니다(요 1:14). 성자 하나님은 영원부터 성자 하나님이셨습니다. 예수님은 말씀이 육신이 되실 때에 비로소 출생하신 것처럼 보이지만 실제로는 때가 차매 하나님이 그 아들을 여자에게서 나게 하셨을 뿐입니다(갈 4:4). 삼위일체 하나님의 구속 협약(pactum salutis, 구속 언약)에 따라 성부께서는 신비한 작정 속에 예정된 하나님의 자녀들을 위해 성자를 메시아로 보내기로 결정하셨습니다. 그리고 성자께서는 하나님 아버지의 뜻인 구세주의 사역을 감당하기로 기꺼이 협의하셨고 순종하셨습니다. 웨스트민스터 신앙고백서는 바로 이러한 이유 때문에 성자께서 '성부로 말미암아 영원히 나신 바 되시고'(begotten of th Father)라고 표현한 것입니다(2장). 그러므로 하나님과 예수님의 관계는 그저 일반적인 의미에서의 부자(父子) 관계가 아닙니다. 예수 그리스도는 성부 하나님과 동일본질이시며 신성과 능력과 영광에 있어서 동등하십니다.

주: 나의 주님, 온 교회의 주님

따라서 영원 전부터 성부로부터 나신 독생하신 하나님의 아들은 영원히 하나님과 함께 계셨습니다(요 1:1). 주님이라는 표현은 주인과 종 사이를 묘사하는 관계적인 표현입니다. 독생자께서 '주'이시다는 말은 예수 그리스도께서 생명과 구원의 주인이 되신다는 뜻입니다. 이는 바울의 가장 중요한 신앙고백입니다. 바울 서신을 한마디로 요약하면 예수는 주와 그리스도가 되신다는 것입니다(롬 14:9, 엡 1:3). 그런데 우리 주님은 단순히 나의 주님이 아니라 만유의 주이십니다(계 17:14, 19:16). 예수 그리스도는 만왕의 왕이시고 만유의 주이시며 교회의 머리이십니다(행 10:36, 엡 1:22, 4:6). 그리스도는 태초부터 성부 하나님, 성령 하나님과 함께 만물을 다스리셨습니다. 그렇기에 만물은 그에게 복종해야 하며(고전 15:28), 온 교회도 그에게 복종해야 합니다(엡 5:23). 또한 신자는 더욱더 그리스도를 주님으로 모셔야 합니다. 그가 신자를 지으셨을 뿐만 아니라 구원하셨기 때문이며, 우리 몸은 성령 하나님께서 거하시는 성전(temple)이기 때문입니다(고전 3:16, 6:19~20).

예수: 사람의 몸을 취하신 죄에서 구원하실 자

아마 신자가 독생하신 성자 하나님을 부르는 가장 흔한 이름은 예수일 것입니다. 이는 마태에 의하면 자기 백성을 저희 죄에서 구원하실 이름입니다(마 1:21). 그래서 예수라는 이름의 뜻이 '구원'입니다. 이 이름은 성자 하나님의 구속사적 이름이라 할 수 있습니다. 성경을 관통하는 거대한 구원의 이야기가 담긴 이름인 것입니다. 예수라는 이름에 구원이라는 뜻이 담겨 있다는 것은 두 가지를 전제합니다. 하나는 우리가 구원을 받아야만 할 만큼 연약한 죄인들이라는 사실이며, 다른 하나는 오직 예수 그리스도만이 우리를 그 죄에서 구원하실 유일한 메시아가 되신다는 사실입니다.

역사적으로 보면 구원을 의미하는 구약의 인물 여호수아의 헬라어가 예수였기에 유대인들 가운데는 예수라는 이름을 가진 사람이 많았습니다. 그러나 독생자 예수는 오직 유일한 하나님의 아들 예수 그리스도뿐이십니다. 독생자 예수 그리스도만이 죄인을 그 죄에서 구원하실 수 있고 그분 외에는 다른 이름에서 구원을 발견할 수 없습니다(행 4:12, 하이델베르크 교리문답 29문답).

그리스도: 그리스도의 삼중 직무

이제 예수의 이름은 자연스럽게 마지막 이름인 그리스도로 연결됩니다. 그리스도는 하나님의 아들 예수께서 받으신 직무를 표현합니다. 신약의 그리스도는 구약의 예언된 메시아로서 특별한 사역을 위해 기름 부음을 받은 자를 뜻합니다. 구약에서 기름 부음을 통해 세워진 세 직분은 선지자와 제사장과 왕이었습니다. 그리스도는 성령 하나님의 기름 부음을 통해 성부 하나님으로부터 선지자 제사장 왕의 직분을 부여받으셨습니다. 따라서 그리스도는 우리에게 계시를 통해 말씀하시는 선지자이시며, 우리 죄를 속죄하시려고 자기 몸을 단번에 드려 우리를 구원하시는 제사장이시며, 말씀과 성령으로 우리를 다스리시고 보호하시는 왕이십니다. 이것을 전통적으로 그리스도의 삼중 직무(threefold-offices)라고 칭합니다. 그리스도인이란 바로 이러한 그리스도께 속한 자이며 또한 그리스도의 세 직분을 이 땅에서 수행하는 자들입니다.

그 외아들(독생자) 우리 주 예수 그리스도를 믿는다고 고백할 때 우리는 전능하신 하나님이시자 우리의 구세주가 되시는 사람이신 예수님을 믿는다고 말하는 것입니다. 따라서 그리스도인은 그리스도의 지체가 되어 '선지자로서 그의 이름의 증인이 되며, 제사장으로서 나 자신을 감사의 제물로 그에게 드리고 왕으로서 이 세상에 사는 동안 죄와 마귀에 대항하여 싸우고 이후로는 영원히 그와 함께 모든 피조물을 다스릴 것'을 항상 명심해야 합니다 (하이델베르크 교리문답 32문답).

【 생각해 볼 문제 】

1. 우리 주 예수 그리스도라는 표현에서 '주', '예수', '그리스도'의
   각각의 의미는 무엇입니까?

2. 예수 그리스도에 관한 잘못된 이해의 핵심은 성자 하나님께
   서 지니신 두 속성, 즉 무엇과 무엇 때문입니까? 성부 하나님,
   성령 하나님과 다른 성자 하나님의 독특성은 무엇입니까?

3. 우리 삶에서 그리스도의 세 직분을 어떻게 수행할 수 있을지
   함께 생각해 봅시다.

3장

• • •

성령 잉태와 동정녀 탄생

주요 용어 : 성육신, 성령 잉태, 동정녀 탄생, 무염시태,
그리스도의 낮아지심

이제 우리는 사도신경에서 이성적으로 가장 받아들이기 힘든 부분과 만나게 됩니다. 그것은 바로 '성령으로 잉태하사 동정녀 마리아에게 나시고'라는 고백입니다. 성령 잉태와 동정녀 탄생을 믿을 수만 있다면 다른 모든 것 역시 믿을 수 있을 것입니다. 그리스도인은 바로 하나님의 은혜를 통해 이것을 믿게 된 사람들입니다. 하지만 이 교리는 거듭나지 않은 사람이 가장 믿지 못하는 진리이기도 합니다.

우리말 속담에 '아니 땐 굴뚝에 연기 나랴?'라는 말이 있습니다. 결과가 있으면 반드시 원인이 있다는 것이지요. 따라서 처녀가 아기를 낳았다면 그것은 과학적으로나 상식적으로 납득될 수 없는 일입니다. 사랑하는 남녀의 결합 없이 새로운 생명이 탄생할 수 없기 때문입니다. 이러한 이유 때문에 그리스도의 성령 잉태와 동정녀 탄생은 시간이 흐를수록 많은 이들에게 적지 않은 공격을 받았습니다.

근대 철학자들의 성령 잉태와 동정녀 탄생에 대한 이해

오늘날의 현대인들은 그리스도의 성령 잉태를 믿지 않습니다. 그저 예수 그리스도의 역사적 존재 여부보다는 거룩하신 분으로서의 예수의 모범과 정신을 강조합니다. 그들은 이렇게 진술합니다. '역사적 사실보다는 영적인 의미가 중요합니다. 그리스도가 성령으로 잉태된 것이 진짜인지는 중요하지 않아요. 그분이 그렇게 태어났다고 믿는 믿음이 중요한 것이죠.' 만일 정말 그렇다면 이것은 사실이 아닌 허구를 믿는 믿음입니다. 그리고 이것은 자신을 속이는 일입니다. 이러한 의미에서 현대 신학자 혹은 철학자들의 예수님에 대한 이해는 무척 안타깝습니다.

독일의 신학자이자 철학자였던 슐라이어마허는 동정녀 탄생, 부활과 승천 등의 기적을 중요하게 여기지 않았습니다. 그리스도를 온 인류의 영적 지도자로서 사람들에게 용기를 주고 더 나은 생활을 할 수 있도록 격려해 준 인물이라고 믿었습니다. 그리스도가 특별한 이유는 그 안에 초월적인 하나님이 임재하셨기 때문이라고 주장합니다. 마찬가지로 동프로이센의 철학자 임마누엘 칸트 역시 그리스도를 완전히 추상적이고 순수한 이상, 윤리적 이상으로 여겼습니다. 칸트는 구원이라는 것은 이상을 신앙하는 것이지 역사적으로 존재했던 인격적인 예수를 믿는다는 것에 있지 않다고 말했습니다. 이들에게 그리스도는 우리의 창조주요 구세주라는 인식보다는 본받아야 할 윤리적 모범에 훨씬 가깝습니다. 이들에게 예수 그리스도의 탄생과 죽음과 부활은 허구와 신화에 불과할 뿐입니다.

로마 가톨릭교회와 재세례파 그리고 칼케돈 공의회

중세 로마 가톨릭교회는 성령 잉태와 동정녀 탄생을 인정하기는 했지만, 성령 잉태보다는 동정녀 탄생에 지나친 강조점을 두었습니다. 그들은 예수 그리스도의 출생에 마리아가 매우 중대한 역할을 했으며, 하나님이신 그리스도를 잉태했기에 필연적으로 마리아 역시 무죄하다고 결론지었습니다. 여기서 마리아의 무염시태론, 즉 죄의 영향을 받지 않고 그리스도를 잉태하셨다는 교리를 만들어냈습니다. 결국 원죄 없이 잉태한 마리아는 성모라고 불렸고 그녀의 승천 교리까지 만들어진 것입니다.

반면에 종교개혁시대의 재세례파는 예수 그리스도께서 마리아의 몸에서 출생하신 것은 받아들이지만, 그저 몸에서 출생하시기만 했지 마리아의 인성으로부터 출생한 것은 아니라고 주장합니다. 말하자면 마리아의 몸에서 나오기 위해 몸만 빌린 것이지 마리아의 살과 피를 취하여 출생한 것은 아니라는 말입니다. 만일 그렇다면 이는 완전한 사람의 인성을 취하지 않으신 것이기에 사람으로서 당하실 고난과 형벌을 받지 못하게 되는 치명적인 결함을 낳게 됩니다.

한 가지 더 언급해야 할 사실은 바로 주후 451년에 소집된 칼케돈 공의회입니다. 당시 칼케돈 공의회는 마리아를 하나님의 어머니로 높였는데 이것은 아리우스와 네스토리우스의 주장에 대응하면서 지나치게 그리스도의 인성을 강조하려 한 나머지 마리아의 무죄교리를 옹호하는 발단이 되고 말았습니다. 칼케돈 신경은 그리스도의 신성과 인성에 집중된 온갖 이단들과 맞서 교회가 지켜 온 그리스도에 대한 고백을 분명하게 밝혔다는 점에서 높이 평가받을 만합니다. 그러나 이는 그리스도께서 하나님이시라면, 그를 낳은 마리아는 하나님의 어머니라고 불리는 것이 마땅하기에 하나님의 어머니($\theta\varepsilon o\tau o\kappa o\varsigma$)란 표현을 첨가한 것입니다. 사실 이 말은 그리스도의 인성을 강조하는 과정에서 사람이신 그리스도를 낳은 마리아는 사람의 어머니($\alpha\nu\theta\rho\omega\pi\acute{o}\tau o\kappa o\varsigma$)라고 불려야 한다는 주장 때문에 나온 것입니다. 칼케돈 신경이 로마 가톨릭교회의 마리아 '무염 시태론'이 만들어지는 단초를 제공한 셈입니다.

성령 잉태와 동정녀 탄생

성경은 그리스도의 성령 잉태와 동정녀 탄생을 역사적 사실로 증거하고 강조합니다. 성령 잉태와 동정녀 탄생은 하나님의 위대하신 구원 계획의 핵심입니다. 창세기는 인간의 범죄와 타락으로 인해 예수 그리스도께서 "여자의 후손"으로 오실 것을 예언했습니다(창 3:15). 구약의 수많은 선지자들이 그리스도의 탄생을 예언했고 특별히 이사야 선지자는 처녀가 잉태하여 아들을 낳을 것이라고 했습니다(사 7:14). 선지자 미가는 이분은 전능하신 하나님이신데 이분의 근본이 상고에 영원히 있으신 분이라고 말합니다(미 5:2). 천사가 요셉에게 "아들을 낳으리니 이름을 예수라 하라 이는 그가 자기 백성을 그들의 죄에서 구원할 자이심이라 하니라"라고 말하면서 이사야 선지자의 말씀을 인용했습니다(마 1:21, 23). 또 천사 가브리엘이 마리아에게 "성령이 네게 임하시고 지극히 높으신 이의 능력이 너를 덮으시리니 이러므로 나실 바 거룩한 이는 하나님의 아들이라 일컬어지리라"라고 말했습니다(눅 1:35). 이 모든 일들은 때가 차매 하나님께서 그 아들을 여자에게서 나게 하신 구원 경륜의 성취였습니다(갈 4:4). 바로 이것이 첫째 아담이 실패한 바로 그 자리에서 새 일을 행하시기 위해 둘째 아담으로 오신 예수 그리스도이십니다. 그래서 이사야 선지자는 "보라 내가 새 일을 행하리라"라는 예언의 말씀을 우리에게 전해 주었습니다(사 43:19).

성육신의 의미

이렇게 그리스도께서 성령으로 잉태되어 동정녀 마리아에게 나셔야만 했던 이유는, 그가 아담의 원죄에 물들거나 오염되지 않은 채 완전히 의로운 사람으로 출생하셔야 했기 때문입니다. 즉 죄가 없으신 상태로 출생하셔야 했습니다. 그렇게 하셔야만 우리의 죄를 속죄하시고 우리에게 의로운 신분을 수여하실 수 있는 것입니다. 그리스도께서는 이 일을 위해 죄책을 지닌 우리의 상태로 들어오셔야 했습니다. 이것을 가리켜 신학자들은 그리스도의 비하, 즉 낮아지심이라고 부릅니다. 전혀 그러실 필요가 없었음에도 그리스도께서는 우리를 위해 사람의 몸을 취하여 이 세상에 오심으로 철저하게 낮아지셨습니다. 그래서 그는 아담으로부터 출생할 수 없었고 인간을 아버지로 두실 수 없었던 것입니다. 웨스트민스터 대교리문답 47문답에 그리스도의 성육신이 잘 정리되어 있습니다. '그리스도께서는 잉태와 출생에서 어떻게 자신을 낮추셨습니까? 그리스도께서는 영원 전부터 아버지의 품속에 계신 하나님의 아들이셨으나 때가 차매 기꺼이 사람의 아들이 되셨고 낮은 지위의 여자에게서 잉태되어 나시고 일반적인 비천보다 더 다양한 환경에 처하심으로 잉태와 출생에서 자신을 낮추셨습니다.'

그리스도는 영원부터 영원까지 하나님의 독생하신 아드님이십니다. 예수 그리스도께서는 반드시 처녀에게서 나셔야 했고 성령으로 잉태되셔야 했습니다. 그렇게 하셔야만 우리의 죄를 온전히 속죄하고 덮으실 수 있으시기 때문입니다. 이 그리스도의 낮아지심, 즉 성육신과 고난 받으심과 죽으심은 철저히 우리를 구원하시기 위함이셨습니다. 그러므로 예수 그리스도를 낳은 마리아 역시 우리와 같은 사람이고 죄인이었습니다. 마리아에게 나타난 천사는 그녀에게 "은혜를 받은 자여 평안할지어다"(눅 1:28)라고 말함으로 마리아가 예수 그리스도를 낳은 구속사적 은혜를 받았을 뿐, 무죄하거나 그리스도처럼 무죄한 상태에서 승천한 자가 아님을 분명히 하고 있습니다. 따라서 마리아를 성자를 잉태한 은혜를 받은 여인으로 존중할 수는 있으나 하나님처럼 경배할 수는 없는 것입니다. 그녀 역시 구원이 필요한 죄인일 뿐이었습니다.

나는 믿습니다

마지막 문제는 이것을 우리가 어떻게 받아들이느냐는 것입니다. 우리는 성경이 그렇게 계시했다면 그렇게 믿어야 합니다. 이는 성경을 하나님의 구원의 뜻이 담긴 계시, 즉 하나님이 직접 하신 권위 있는 말씀으로 믿는다는 것을 뜻합니다. 역사상 수많은 사람들이 그리스도께서 처녀에게서 나신 것을 의심하고 불신했습니다. 또한 앞으로도 그러할 것입니다. 왜냐하면 마리아처럼 은혜를 받은 자가 아니고서는 평안을 가지고 이것을 받아들일 수 없기 때문입니다(눅 1:28). 이것은 마치 성령님이 아니고서는 하나님을 아빠 아버지라고 부를 수 없는 것과 마찬가지입니다(롬 8:15, 갈 4:6, 고전 2:11). 그래서 그리스도인은 '성령으로 잉태하사 동정녀 마리아에게(하나님의 전능하신 주권과 능력으

로 인해 마리아의 몸에서) 나시고'라고 고백하는 것입니다. 이
것은 믿음의 문제입니다. 설명과 지식적 동의로 되는 것이
아니라 성령님의 역사하심으로 되는 일입니다. 우리를 위
해 비참과 수치의 현장으로 기꺼이 오신 예수 그리스도,
우리 구세주께 모든 찬송과 영광과 존귀를 돌려드립니다.

【 생각해 볼 문제 】

1. 역사적으로 동정녀 탄생에 관한 잘못된 이해에는 어떠한 것들이 있습니까?

2. 마리아의 무염시태론은 어떠한 과정을 통해 생겨났습니까?

3. 그리스도에 관한 잘못된 이해들을 올바른 교리와 비교해 잘 파악하고 있어야 하는 이유는 무엇인지 생각해 봅시다.

4. 그리스도의 성육신이 왜 복음의 핵심인지, 왜 우리에게 가장 큰 위로가 되는지 생각해 봅시다.

4장

* * *

고난, 십자가 죽음, 장사, 그리고 지옥강하

주요 용어 : 본디오 빌라도, 기절설, 가현설, 지옥강하

우리는 계속해서 사도신경의 어려운 부분들을 만나고 있습니다. 그것은 바로 '본디오 빌라도(치하에서)에게 고난을 받으사 십자가에 못 박혀 죽으시고 장사되시어 지옥(음부)에 내려가사(내려가신 지)'라는 고백입니다. 이 고백은 본래 사도신경의 고대 로마형에는 없었으나 공인된 원문에는 '지옥으로 내려가사(descendit ad inferna)'가 추가되어 있습니다. 본래 한글 사도신경에도 이 고백이 있으나 합동 찬송가 발행 문제로 이 구절이 삭제되었습니다. 최근 새로운 사도신경 번역에도 이 문구는 없지만 난외주에 포함되어 있습니다.

사도신경의 십자가 죽음과 장사 지낸 바 된 일에는 특

별한 이견의 여지가 없지만, 굳이 왜 본디오 빌라도에게 고난을 받았다는 고백이 필요했는지, 또한 공인된 원문에 있는 '지옥에 내려가사'라는 의미가 무엇인지에 대해서는 많은 이견이 존재해 왔습니다. 그러나 이에 대한 어떠한 이견이 존재하든지 간에 사도신경은 신앙의 고백이며, 지금 우리가 다루고 있는 부분 역시 우리의 구원을 위해 구주 예수 그리스도께서 친히 낮아지셔서 수치를 당하신 구속 사역의 한 부분임을 잊지 말아야 합니다.

본디오 빌라도에게 고난 받으심

예수님 당시 빌라도 총독은 로마의 관리로서 그리스도의 사건을 재판하던 재판장이었습니다. 모든 대제사장들과 백성의 장로들이 예수님을 신성모독죄로 결박하고 끌고 와 총독 빌라도에게 넘겨주었습니다(마 27:1). 그리스도는 재판을 받으셔야 했습니다. 여기에 제사장, 장로, 그리고 총독 빌라도가 동원되었습니다. 그 이유는 우리가 받아야 할 하나님의 준엄한 심판에서 우리를 구원하시기 위함이었습니다. 하이델베르크 교리문답 38문답은 바로 이것 때문에 그리스도께서 '죄가 없으시나 세상의 재판관에게 정죄를 받으신 것'이라고 설명합니다. 말하자면, '본디오 빌라도에게 고난 받으심'이란 표현은 재판을 통한 정죄당하심이 목적이었습니다. 그것은 그저 그리스도께서 십자가에 달리시기 전 얼마 동안만 고난과 수치를 당하신 것이 아님을 잘 시사해 줍니다. 그리스도의 고난은 전생애적이며 전인격적입니다. 성령으로 잉태되어 동정녀 마리아에게서 나실 때부터 십자가에서 돌아가심으로 장사 지낸 바 되어 무덤에 갇힐 때까지 그분의 모든 시간이 낮아지심이요, 고난이었습니다. 그리고 본디오 빌라도에게 심문을 당하시는 재판을 통해 죄인으로 선고되셨습니다. 그러므로 사도신경의 이 고백은 그저 빌라도 개인 한 사람에게 고난 받은 것을 뜻하지 않습니다.

그러나 놀랍게도 빌라도는 모든 것을 면밀히 검사한 후에 대제사장들과 무리들에게 그리스도께서 죄가 없다고 선언했습니다(눅 23:4, 요 18:38). 빌라도는 그리스도를 풀어주기 위해 몇 차례 노력했습니다. 세상 법정이 그리스도의 무죄하심을 선언했던 것입니다. 하지만 동시에 빌라도는 무리들의 원성과 민란을 두려워하여 그리스도를 십자가에 죽이기로 하고 다시 그들에게 넘겨줍니다(눅 23:24). 여기에 산헤드린 공의회로 대표되는 대제사장, 정치계로 대표되는 빌라도 그리고 빌라도와 원수관계였으나 당일에 친구가 된 군통수권자인 헤롯 대왕이 모두 관계되었습니다(눅 23:12). 따라서 '본디오 빌라도에게 고난을 당하심'이라는 표현에는 모든 사람이 예수 그리스도를 죽인 일에 관계되어 있다는 의미가 담겨 있습니다.

십자가에 못 박혀 돌아가심

사도신경은 그리스도의 죽으심을 '십자가에 못 박혀 죽으심'이라고 강조합니다. 예수님 당시 십자가 형틀은 죄에 따른 형벌의 집행도구였고 구약시대 사람들에게도 익숙한 것이었습니다. 그리스도께서 십자가에 달리셨다는 말은 재판에 따라 저주를 선고받고 형벌을 당하셨다는 뜻입니다. 모세는 "나무에 달린 자는 하나님께 저주를 받았음"이라고 했습니다(신 21:23). 또한 바울은 "그리스도께서 우리를 위하여 저주를 받은 바 되사"라고 했습니다(갈 3:13). 그래서 베드로 사도는 그리스도께서 "친히 나무에 달려 그 몸으로 우리 죄를 담당"하셨다고 말한 것입니다(벧전 2:24).

십자가 형틀의 형벌은 저주를 받아 버림받은 상태를 묘사합니다. "나무에 달린 자" 또는 "친히 나무에 달려"라는 표현은 예수께서 하나님과 사람에게 버림받았음을 시사합니다. 이러한 방식으로 그리스도는 우리가 당할 모든 율법의 속박과 저주를 우리 대신 온몸으로 받으신 것입니다. 그렇기에 사도신경은 그리스도께서 본디오 빌라도에게 고난을 당하사 '십자가에 못 박혀 죽으셨다'고 명시하는 것입니다.

십자가에 못 박혀 죽으신 것은 그가 받은 재판과 정죄가 확실하다는 증거입니다. 재판과 정죄와 저주 받음 없이 십자가에 죽을 수는 없습니다. 그런데 놀라운 사실은 그분의 재판과 정죄와 저주와 죽음이 그분에게 무슨 불의나 죄가 있어서가 아니라 바로 자신이 아닌 다른 이들을 위한 것이었다는 사실입니다. 그리스도는 우리를 대신하여 죄가 되시고 저주를 받으시고 우리를 대신하여 하나님의 공의를 만족하시기를 기뻐하신 것입니다(고후5:21, 도르트 신조 둘째 교리 제2항).

장사 지낸 바 되심

그리스도는 죽으셨을 뿐만 아니라 우선 장사되셨습니다. '장사 지낸 바 되심'이란 표현은 성경적인 표현입니다. 그리스도의 시신은 장례를 위해 세마포에 쌓였습니다. 요셉이 예수님의 시신을 깨끗한 세마포로 싸서 돌 무덤에 안치했습니다(마 27:59-60). 바울은 곧 있을 부활을 설명하면서 예수님의 장사를 언급했습니다(고전 15:4). 그는 로마 교회에 편지할 때도 신자가 영적으로 "그와 함께 장사"되었다는 사실을 설명합니다(롬 6:4). 이는 그리스도의 죽음이 명확하고 확실하다는 증거입니다. 죽지 않은 사람을 무덤에 묻거나 장사지낼 수는 없습니다.

성경과 신앙고백서는 왜 그토록 그리스도의 죽음과 장사 지냄을 강조해야 했을까요? 왜냐하면 그 당시나 지금이나 많은 사람들이 예수님의 죽음이 사실이 아니라고 생각하기 때문입니다. 어떤 이들은 예수님이 잠시 기절하셨다가 다시 깨어나셨다고 주장합니다. 이것을 '기절설'이라고 부릅니다. 어떤 이들은 예수님은 하나님이시기에 결코 죽으실 수 없다고 주장하면서 예수의 몸은 그저 환상에 불과하다고 주장합니다. 이렇게 되면 그리스도의 고난과 죽으심과 장사 지냄 역시 환상이 되고 맙니다. 이러한 주장을 가리켜 '가현설(docetism)'이라고 부릅니다. 반대로 어떤 이들은 십자가에서 하나님이 죽으셨다고 주장하기도 합니다.

물론 고난당하시고 십자가에 못 박히시고 죽으시고 장사 지낸 바 되신 분은 하나님이자 사람이신 예수 그리스도셨습니다. 그러나 하나님은 죽으실 수 없습니다. 죽으신 분은 예수 그리스도이십니다. 프롱크 목사는 그리스도의 '신성은 십자가 위에서 죽은 몸을 떠난 영혼과 참되게 연합되었고 같은 신성이 나무에 매달린 망가지고 훼손된 몸과도 참되게 연합'되었다고 말합니다. 세상의 통치자들이 이러한 방식으로 '영광의 주'를 못 박은 것입니다(고전 2:8). 그러나 주님은 이러한 못 박히심과 죽으심과 장사 지내심을 통해 친히 무덤으로 들어가 사망을 정복하셨습니다. 따라서 신자에게 죽음과 무덤은 더 이상 죄의 참혹한 결과나 공포가 아니라 죄짓는 것을 그치고 영원한 생명에 들어가는 것이 됩니다(하이델베르크 교리문답 42문답). 진실한 그리스도인은 이제 그리스도의 십자가 죽음의 고백을 통해 '우리의 옛사람이 그와 함께 십자가에 달리고 죽고 장사되며 그럼으로써 육신의 악한 소욕이 더 이상 우리를 지배하지 못하게 되고 오히려 우리 자신을 그분께 감사의 제물로 드리게 됨'을 위해 힘써야 할 것입니다(하이델베르크 교리문답 43문답).

지옥에 내려가심

사도신경은 '장사되어'에 이어서 '지옥에 내려가사'를 덧붙입니다. 로마 천주교회는 이 부분을 림보(limbo) 교리를 만드는 것에 사용했습니다. 림보(선유림보, 유아림보)는 연옥과 달리 지옥의 경계선이란 뜻을 지닌 고성소로서 지옥의 변방 정도로 번역될 수 있습니다. 림보는 구약의 성도들, 어려서 죽은 아이들의 영혼이 완전한 구원을 기다리는 장소입니다. 로마 천주교회는 그리스도께서 그들의 부족한 구원을 완성시켜 주시러 바로 이 림보에 가셨다고 주장합니다. 이는 일부 초대 교부들의 견해이기도 했습니다. 그러나 성경은 이에 대해 아무런 암시나 언급도 하지 않습니다.

종교개혁자 루터는 이 지옥 강하를 승리 선언과 연관시킵니다. 그리스도께서 십자가에 죽으시고 문자 그대로 지옥에 내려가셔서 지옥에 있는 영들과 원수들에게 그리스도께서 사탄과 죽음을 상대로 이기셨다는 승리를 선언하셨다는 것입니다. 하지만 그리스도께서는 십자가에서 완전히 죽으셨으며, 부활하시기 전에 살아나실 수는 없습니다. 또 루터의 주장과 비슷하면서도 조금 다른 주장이 있습니다. 죽으신 이후 부활하시기 전에 지옥으로 내려가서 그곳에 있는 영들에게 구원 얻을 기회를 제공하셨다는 주장입니다. 그러나 이 역시 그리스도께서 부활 이전에 살아나실 수 없고, 구원은 살아있는 자들이 복음의 역사를 통해 얻는 것이기에(히 9:27) 성경적이지 않습니다.

이에 대한 가장 바람직한 해석은 그리스도께서 십자가에서 사망의 권세 아래 처하여 지옥과도 같은 고통을 당하셨다고 보는 것입니다(시 18:5). 이 지옥에서의 고통은 죽고 장사되고 난 후가 아니라 십자가에 달려계실 때 당한 고통입니다. 따라서 '지옥으로 내려가셨다'는 표현은 문자적으로 해석할 것이 아니라 극심한 고통에 대한 비유적인 표현으로 보아야 합니다. 그래서 하이델베르크 교리문답 44문답은 '음부에 내려가셨으며'라는 말이 왜 덧붙여져 있습니까?'라는 질문에 대해 '그분께서 십자가에서 말할 수 없는 두려움과 아픔과 공포와 지옥의 고통을 친히 당하심으로써 나의 구원을 이루셨습니다'라고 기록하고 있는 것입니다.

논쟁이 아닌 풍성한 위로를 제공하는 고백

그렇다면, 이제 이에 대한 우리의 유일하고도 심오한 반응은 극심한 고난과 지옥과도 같은 고통을 만났을 때 그리스도께 피하여 그 안에서 안식하는 것뿐입니다. 모든 죄인은 하나님께 범죄하여 하나님의 자비하심과 선하심으로부터 떨어져 나와 지옥과도 같은 고통을 자초했습니다. 그러나 긍휼에 풍성하신 하나님께서 우리를 지옥과도 같은 고통에 계속 머물게 하지 않으시도록 예수 그리스도의 고난과 십자가 죽음과 장사 지냄과 같이 지옥과도 같은 고통을 겪게 하심으로 우리를 구원하셨습니다. 우리는 다 지옥에 떨어져야 마땅한데 그리스도께서 친히 우리를 위해 그렇게 하셨습니다. 그 유일한 이유는 지옥과도 같은 고난과 죽음과 저주와 속박을 풀어주시기 위함입니다. 그렇기에 사도신경의 이 고백, 즉 '본디오 빌라도에게 고난받으시고 십자가에 못 박혀 죽으시고 장사되어 지옥에 내려가사'라는 이 고백만큼 진실한 신자에게 크고 풍성한 위로를 제공하는 고백도 없을 것입니다.

【 생각해 볼 문제 】

1. 빌라도는 왜 예수께서 죄가 없다고 판단했음에도 불구하고 십자가에서 죽이기로 결정했습니까?

2. '본디오 빌라도에게 고난을 당하사'라는 표현에 담긴 의미는 무엇입니까?

3. '그리스도의 죽으심과 장사 지낸 바 되심'에 대한 잘못된 이해 에는 어떠한 것들이 있습니까?

4. 사도신경에 담긴 지옥강하에 대한 여러 해석들엔 어떠한 것 들이 있고 그중 가장 바람직한 해석은 어떠한 것인지 함께 생 각해 봅시다.

The Apostles' Creed

5장

* * *

부활, 죽은 자 가운데서 다시 살아나셨고!

주요 용어 : 부활, 도적설, 기절설, 환상설, 신화설, 현대주의

다섯 번째로 살펴볼 사도신경의 고백은 부활입니다. 사도신경은 예수께서 장사된 지 사흘 만에 '죽은 자 가운데서 다시 살아나셨다'고 고백합니다. 예수 그리스도께서 십자가에서 죽으시고 장사되심 가운데서의 부활, 즉 죽음으로부터 부활하셨다는 것입니다. 역사가 시작된 이래로, 죽었던 것처럼 보였던 사람이 살아나는 경우는 있어도 죽었던 사람이 다시 살아나는 일은 없었습니다. 마르다와 마리아의 죽은 오라비 나사로처럼 예수 그리스도께서 친히 살려 주신 경우를 제외하고 말입니다(요 11:43-44). 그러므로 죽은 자 가운데서의 부활은 믿음 없이는 받아들이기 어려운 기독교 복음의 진리입니다. 하지만 예수 그리스도의 부활은 성경의 예언이었고 제2위 성자 하나님이셨던 주 예

수 그리스도께서 친히 약속하신 사건이었습니다(마 12:40,
16:21, 막 8:31, 눅 9:22, 요 2:19).

죽은 자 가운데서의 부활

우선 무엇보다도 사도신경이 예수 그리스도의 부활을 '죽
은 가운데서 다시 살아나셨고'라 하지 않고 '죽은 자 가운
데서 다시 살아나셨'다고 고백한 점에 주목할 필요가 있
습니다. 이것은 매우 성경적인 표현입니다. 성경은 예수 그
리스도의 부활을 죽은 자 가운데서의 다시 살아나심이라
고 도처에서 기록하고 있습니다(마 28:7, 요 20:9, 행 4:10, 롬
1:4; 6:9, 고전 15:12, 20). 그리스도의 부활은 그저 죽음에
서의 부활만이 아니라 죽은 사람들 사이에서의 부활입니
다. 말하자면 사람이 죽는 것으로 끝나는 것이 아니라 죽
은 사람의 부활이 있음을 알게 하기 위함입니다. 예수 그
리스도는 죽은 자 가운데서 가장 먼저 나신 분이시며, 잠
자는 자들의 첫 열매이십니다(고전 15:20, 23). 부활은 기독
교 신앙의 근본적인 교리 가운데 하나입니다. 그리스도의
부활은 곧 그리스도를 믿는 신자들의 부활을 상징합니다.
그리스도께서 죽은 자 가운데서 부활하셨듯이 신자들도
죽음 가운데서 부활할 것입니다(롬 8:11, 살전 4:16). 사망이

생명이신 예수 그리스도에게 왕 노릇 할 수 없듯이 그리스도를 믿는 신자들에게도 왕 노릇 할 수 없습니다.

　예수 그리스도께서는 죽으실 수 없는 분이지만 하나님의 택한 백성들을 구원하시고 그들을 의롭다 하시기 위해 다시 살아나신 것입니다(롬 4:25). 그러므로 만일 그리스도의 부활이 없다면 진실한 신자들은 이 세상에서 가장 비참하고 불쌍한 사람들이 될 것입니다(고전 15:19). 하지만 만일 그리스도의 부활이 사실이라면, 그리스도를 믿지 않고 불신앙하며 배격했던 모든 이들은 이 세상에서 가장 비참하고 불쌍한 사람들이 될 것입니다.

부활을 부인하는 이론

이러한 이유 때문에 사단은 그리스도의 부활 신앙을 저지하려고 노력해 왔습니다. 그 방법은 바로 부활의 역사성을 부정하는 것입니다. 이렇게 부활을 부인하는 사람들은 사두개인들처럼 예수님 당시에도 존재했었습니다(마 22:23, 눅 20:27). 그러나 부활은 역사 속에서 벌어진 사건입니다. 예수 그리스도의 부활에 대한 대표적인 도전은 다음과 같습니다.

어떤 이들은 그리스도의 제자들이 그리스도의 시신을 훔쳤다고 생각합니다. 말하자면 십자가에 못 박혀 죽으시고 장사되신 그리스도의 시신을 제자들이 훔친 후에 죽지 않고 죽음에서 부활하셨다고 소문을 퍼뜨렸다는 것입니다. 이러한 주장을 '도적설'이라고 합니다. 이것은 부활을 두려워한 당시의 장로들과 군인들이 서로 모의한 거짓말의 결과입니다(마 28:13-15). 하지만 도리어 이 사건은 이러한 거짓말을 의심하는 계기가 되었고 도리어 그리스도의 부활의 사실을 더욱 공고히 하는 요인이 되었습니다.

또 다른 이들은 앞서(4장) 살펴본 대로 예수님의 '기절설'을 주장했습니다. 십자가에 못 박히신 예수 그리스도는 실제로 죽으신 것이 아니라 십자가의 고통을 이기지 못하시고 기절하셨다는 것입니다. 기절하신 주님을 죽은 줄 알고 아리마대 사람 요셉이 세마포로 싸서 돌무덤에 안치했는데 이 무덤에서 원기를 회복하시고 다시 깨어나셨다는 것입니다(눅 23:53).

이 밖에 그리스도의 부활을 부인하는 사람들은 '환상설'과 '신화설'을 주장했습니다. 환상설은 예수 그리스도를 따르던 제자들이 그리스도를 그리워하여 일종의 환영을 보았다는 설입니다. 신화설은 고대 근동의 이방 종교에서 주로 존재하는 것으로 고대 근동의 죽은 자들의 부활 이야기가 신화로서 성경에 기록되었다는 것입니다.

부활에 관한 잘못된 해석

18-19세기에 접어들면서 독일에서 발흥했던 자유주의 신학의 영향으로 그리스도의 부활을 역사적 사건이 아니라 영적 사건으로 재해석하려는 사람들이 늘어났습니다. 이 가운데 대표적인 인물들이 슐라이허마허, 알브레히트 리츨, 그리고 칼 바르트의 스승이었던 하르낙입니다. 이들은 예수 그리스도의 부활을 역사 속에서 실제로 발생한 사건으로 보는 것은 중요하지 않으며 그것의 영적 의미가 중요하다고 보았습니다. 부활이라는 영적 사건이 중요하지 실제로 예수 그리스도가 죽은 자 가운데서 부활했는지 그렇지 않은지는 사안의 핵심이 아니라는 것입니다. 기적이나 이적 역시 마찬가지입니다. 따라서 자유주의 신학자들이 이러한 의미에서 성경에 기록된 기적이나 이적을 믿지 않고 배격한 것은 새삼스럽지 않은 일입니다.

하지만 성경은 예수 그리스도의 부활이 역사적 사건이며 당시 5백여 명이 넘는 수많은 신자들이 목격한 사건으로 기록하고 있습니다(요 20:29, 고전 15:4-6). 뿐만 아니라 바울은 역사적 부활이 없다면 우리의 믿음도 헛것이요, 죽은 자들도 망할 것이요, 우리 역시 이 세상에서 불쌍한 자가 될 것이라고 말함으로 부활의 역사적 사실을 증거하고 있습니다(고전 15:12-19).

현대 이성과 과학의 도전

오늘날 우리는 현대주의의 거센 도전을 받고 있습니다. 새롭게 발흥된 이성주의와 물질주의 그리고 현대과학이 그것입니다. 믿음을 존중하지 않는 이성주의와 물질주의 신앙, 그리고 확인 가능한 사실과 실험을 통한 과학주의는 공통적으로 그리스도의 부활을 받아들이지 않습니다. 이러한 현대의 정신들은 영적인 사건의 실재들을 받아들이지 못하게 방해합니다. 이성주의는 합리적으로 납득되는 것만 받아들입니다. 물질주의는 영적 세계의 실재와 현실성을 부정합니다. 현대과학은 과학적 방법을 통해 검증 가능한 것만 사실로 인정합니다. 결국 현대의 이성과 물질주의와 과학은 하나님의 말씀으로서의 성경의 주장들을 현대인의 구미에 맞게 재해석하여 왜곡합니다. 이것은 결국 성경의 권위와도 직결되는 문제입니다. 인간의 이성과 과학은 잘못 사용하면 하나님의 말씀인 성경의 권위를 드높이는 것이 아니라 도리어 성경의 권위를 허무는 도구가 됩니다. 비유하자면 예수 그리스도의 돌무덤을 봉인하는 수단으로 사용되는 것입니다.

또한 현대인들의 심각한 문제 가운데 하나는 바로 자신이 보고 싶은 것만 보고 듣고 싶은 것만 듣고 싶어 한다는 것입니다. 현대인들은 그들이 생각하는 기독교, 그들이 생각하는 하나님을 만들어 놓고 성경을 그 생각에 끼워 맞춥니다. 그러나 진실한 신자는 이성과 물질과 과학도 모두 다 하나님의 말씀인 성경의 권위 앞에 두지 말아야 합니다. 오히려 그것들을 제자리에 돌려놓아야 합니다. 바울이 말한 것처럼 "하나님 아는 것을 대적하여 높아진 것을 다 무너뜨리고 모든 생각을 사로잡아 그리스도에게 복종하게"해야 합니다(고후 10:5). 그렇게 할 때에만 비로소 성경이 말하는 예수 그리스도의 부활의 참된 의미가 그들에게 새롭게 다가올 것입니다.

부활의 참된 성경적 의미

사도신경의 이 다섯 번째 고백은 단순히 부활의 역사적 사실만을 고백하는 것이 아니라 그 부활이 지금 나에게 끼치는 엄청난 유익에 대한 고백이기도 합니다. 그것은 바로 참되고 진실한 신자에게 주는 부활의 위로입니다. 그리스도께서 죽은 자 가운데서 살아나셨고 지금도 살아 계시기 때문에, 그리스도를 진실되게 믿고 영접하는 자들은 누구든지 마지막 날에 반드시 살아날 것이라는 사실입니다.

그리스도의 부활은 우리를 의롭다 하셨으며, 우리에게 새로운 생명을 주셔서 우리를 다시 살려주셨고, 또한 마지막 날에 마침내 완전하게 부활하게 하실 것을 보증해주는 유익을 끼칩니다(하이델베르크 교리문답 45문답). 왜냐하면 그리스도께서 죽은 자들 가운데서 다시 살아나셔서 자신을 하나님의 아들로 선포하셨고, 죽음과 죽음의 권세를 가진 자를 정복하셨고, 살아 있는 자들과 죽은 자들의 주가 되셨기 때문입니다(웨스트민스터 대교리문답 53문답). 그러므로 지금 신자 개인이 어떤 상태에 있든지, 또는 교회가 전반적으로 처한 상태가 얼마나 절망적이든지에 관계없이 참되고 진실한 그리스도인과 교회는 반드시 새 생명으로 부활할 것입니다. 수많은 박해와 절망 가운데 소멸되지 않고 지금껏 믿음을 지켜온 교회의 역사는 죽음을 이기신 그리스도의 부활의 역사에 기인합니다.

부활은 신자 개인과 교회 모두에게 엄청난 위로와 소망이 아닐 수 없습니다. 신자 개인과 교회 공동체는 날마다 그리스도의 죽은 자 가운데서의 부활을 고백함으로써 침체된 일상과 종국에 맞이할 죽음이라는 무기력에서 부활하여 새 생명을 얻을 것입니다. 이 사도신경의 다섯 번째 고백이 전반적으로 무기력에 빠진 오늘날의 신자들과 교회에 큰 위로와 유익을 끼치는 생명의 고백이 되기를 소원합니다.

【 생각해 볼 문제 】

1. 죽음 가운데서가 아닌 죽은 '자' 가운데서의 부활이라는 고백
   이 중요한 이유는 무엇입니까?

2. 부활을 부인하는 이론과 부활에 관한 잘못된 해석에는 어떠
   한 것들이 있습니까? 이러한 이론이나 해석이 생겨난 이유는
   무엇입니까?

3. 이 책에서 말하는 현대주의의 세 가지 부류는 무엇입니까?
   이를 대하는 신자의 자세는 어떠해야 하는지, 이들과 신앙이
   어떻게 조화를 이루어야 할지에 대해 생각해 봅시다.

6장

* * *

하늘에 오르사
전능하신 하나님 우편에 앉아 계시다가

주요 용어 : 승천, 보좌 우편, 편재성, 공재설, 영적 임재설

여섯 번째로 살펴볼 사도신경의 고백은 '승천과 하나님 보좌 우편에 앉으심'입니다. 사도신경은 죽은 자 가운데서 다시 살아나셨고 '하늘에 오르사 전능하신 하나님 우편에 앉아 계시다가'라고 고백합니다. 예수 그리스도께서 죽으시고 장사 지낸 바 되신 후에 부활하셨으며 하늘로 올라가셨다는 것입니다. 하늘로 올라가심과 하나님 보좌 우편에 좌정하심이 담고 있는 의미가 무엇인지 살펴봅시다.

우리는 이전 장에서 그리스도의 부활을 부인하고 이를 역사적 사건이 아니라 영적 사건으로 재해석하려는 다양한 의견들을 살펴봤습니다. 부활이라는 영적 사건이 중요하지 실제로 예수 그리스도가 죽은 자 가운데서 부활했는지 그렇지 않은지는 사안의 핵심이 아니라는 것입니다. 만일 그렇다면 그리스도의 부활에 이은 승천 역시 그저 영적인 일이지 역사적인 일이 아닐 것입니다. 그러나 성경은 그리스도께서 죽음 가운데서 부활하시고 하늘에 올라가셨다고 기록합니다. 더욱이 갈릴리 사람들은 그리스도께서 하늘로 올라가시는 장면을 목격했습니다(행 1:9-11). 부활이 역사적 사실인 것처럼 승천 역시 역사적인 사실입니다.

부활 승천의 역사적 사실

그러므로 부활이 없다면, 승천도 없습니다. 그리스도께서 승천하신 것이라면 그리스도의 부활은 사실입니다. 따라서 부활은 승천으로 확증됩니다. 그리스도의 높아지심은 부활로 시작되어 승천으로 입증되고 우리를 위한 기도로 확증되며 다시 오실 그리스도의 재림으로 완성됩니다. 성경에서 그리스도의 부활만큼 그리스도의 승천이 부각되거나 강조되지는 않는 듯 보이지만 승천은 기독교 신앙의 중요한 부분입니다. 성경은 도처에서 승천에 대해 직간접적으로 기록하고 있습니다(막 16:19, 눅 24:50-51, 요 6:61-62, 14:1-4, 행 1:9-11). 부활하신 그리스도는 모든 사람들이 볼 수 있도록 영광 가운데 하늘로 올라가셨고 구름이 저를 가려 보이지 않게 하셨습니다(행 1:9, 딤전 3:16). 또한 그 때 하늘에서 흰 옷 입은 두 사람이 이렇게 승천하신 모습 그대로 다시 오실 것이라는 그리스도의 재림을 선포했습니다(행 1:11).

웨스트민스터 신앙고백서 제8장 4항은 (그리스도께서) '고난받으셨던 그 동일한 몸으로 죽은 자들 가운데서 살아나서 그 몸으로 하늘에 올라 거기서 성부의 우편에 앉아' 계신다고 진술하며 하이델베르크 교리문답 제46문답도 '그리스도께서 제자들이 보는 앞에서 땅에서 하늘로 오르셨다'고 기록합니다. 대교리문답 53문답도 '부활하신 지 사십 일 후에 우리의 본성을 가지시고 우리의 머리로서 원수들을 이기시고 눈에 보이게 가장 높은 하늘로 올라가셨다'고 답합니다.

승천의 중요성

이러한 의미에서 승천은 부활의 자연스러운 결과입니다. 부활하셨기에 본래 계셨던 하늘로 올라가시는 것입니다. 또한 이러한 의미에서 승천은 그리스도의 재림을 예비하고 있습니다. 이것은 하나님의 구원 계획에 있어 매우 중요한 부분입니다.

그리스도는 왜 하늘로 올라가셨을까요? 성부 하나님께서 그리스도에게 하라고 주신 일을 완성하셨기 때문입니다. 십자가 상에서의 일곱 마디 가운데 여섯 번째 말씀인 "다 이루었다"라는 말씀이 바로 그것입니다(요 19:30). 그리스도께서 지상에서의 구속 사역을 모두 마치셨기 때문에 하늘로 올라가신 것입니다. 이는 또한 장차 그리스도 안에 있는 하나님의 참 백성들 역시 하늘로 올라갈 것을 보여주는 매우 상징적인 사건입니다. 그리스도는 이미 요한복음에서 제자들에게 "내가 거처를 예비하러 가는데 거처를 예비하면 다시 와서 너희를 나 있는 곳에 있게 하리라"고 말씀하셨습니다(요 14:1-3). 뿐만 아니라 주님은 자신께서 제자들을 떠나 하늘로 올라가지 않으시면 제자들에게 유익이 없다고 말씀하셨습니다. 왜냐하면 주님은 보혜사 성령님을 보내주실 터였기 때문입니다(요 16:7). 이렇듯 승천은 그리스도의 구속 사역의 성취와 신자가 성령 하나님을 통해 구원의 유익을 누리는 데 있어 매우 중대한 요소입니다.

전능하신 하나님 우편에 앉으심

사도신경은 성경에 기록된 대로 승천하신 그리스도께서

'전능하신 하나님 우편에 앉아' 계신다고 고백합니다(막 16:19, 눅 22:69, 행 7:56). 이 문장에서 전능하신 하나님과 우편은 거의 동격으로 사용되었습니다. 하나님 우편은 전능하심의 상징입니다. 하나님은 영이시기에 좌우의 구분이 없으십니다. 그럼에도 우편이란 표현을 사용하셔서 인식의 한계를 지닌 우리를 배려하시며 말씀하십니다.

따라서 그리스도께서 부활하신 몸으로 승천하여 하나님 우편에 앉으셨다는 것은 상징적인 표현으로서 하나님의 모든 권세로 통치하심을 의미합니다. 이는 또한 장차 신자 역시 그리스도를 따라 부활의 몸으로 얻게 될 영광과 권세를 상징하여 나타냅니다. 여기서 그리스도께서는 신자를 위해 간구하시고(롬 8:34), 신자는 비록 아직 부활하지 않았지만 그리스도와 함께 영으로 하늘에 앉아 그리스도의 통치에 참여하는 것입니다(엡 2:6).

부활 승천하여 하나님 우편에 앉으신 그리스도께서는 보혜사 성령을 보내시고 오순절에 역사적 교회를 태동시키시고 성령님의 역사하심을 통해 계속해서 택자들을 불러 모으시며 교회의 머리로서 교회를 보호하십니다(웨스트민스터 대교리문답 54문답, 하이델베르크 교리문답 51문답).

그리스도의 신성과 인성

그리스도께서는 하나님 우편에 좌정하여 계시지만 그 신성으로 신자와 지금도 함께하십니다. 그리스도께서 세상 끝날까지 우리와 함께하시겠다는 것은 그의 신성으로 함께하심을 뜻하는 말씀입니다(마 28:20). 그리스도의 부활의 몸은 하나님 우편에 계시지만 그리스도의 신성은 어디에나(편재성: omni-presence) 계십니다. 하지만 모든 사람들이 이렇게 이해한 것은 아니었습니다. 종교개혁 시대의 루터와 그 이후 발흥한 루터파는 일반적으로 속성 간의 교류를 통해 그리스도의 신성과 인성이 결합되어 있어서 그리스도의 인성도 편재하다고 믿었습니다. 그래서 루터가 성찬에 대해 츠빙글리와 칼빈과 논쟁할 때도 떡과 포도주 또는 그 아래 그리스도의 몸과 피가 신비한 방식으로 임재한다고 주장한 것입니다. 성찬에 관한 여러 입장 중 이것을 가리켜 루터의 '공재설(consubstantiation)'이라고 부릅니다.

하지만 칼빈은 그리스도의 승천을 단순히 상징적이며 영적인 것으로 해석하지 않고 땅에서 하늘로의 장소적이며 공간적인 이동으로도 해석합니다. 그리스도의 부활의 몸은 하나님 우편에 앉아 계십니다. 그러므로 그분의 살과 피의 효력은 신비한 방식, 즉 영적으로 임하는 것이지 신체적으로 임하는 것이 아니라는 것입니다. 성찬에 관한 칼빈의 방식을 '영적 임재설(spiritual presence)'이라고 부르는 데에는 이러한 이해에 기인합니다. 그래서 하이델베르크 교리문답 47문답은 그리스도가 참 사람이시고 참 하나님이심을 확증하면서도 '그분의 인성으로는 더 이상 이 세상에 계시지 않으나 그분의 신성과 위엄과 은혜와 성령으로는 잠시도 우리를 떠나지 않으십니다'라고 올바르게 고백하는 것입니다. 이것은 일종의 신비입니다. 그리스도의 신성은 그리스도의 인성을 초월하여 존재하시는 동시에 인성 안에 거하시고 인격적으로 완벽하게 연합되어 있는 것입니다.

부활과 승천은 승리와 위로의 교리

예수 그리스도께서 죽음에서 부활하여 승천하시고 하나님 우편에 앉으셨다는 사실은 결코 철학적이거나 사변적인 지식이 아닙니다. 이것은 메마른 지식이 아닙니다. 그리스도인에게 이것은 승리의 지식이며, 경험의 지식입니다.

사람들은 부활에 대해 많은 이야기를 하지만 사실 승천은 부활만큼이나 중대한 교리입니다. 사도신경은 이점을 놓치지 않았습니다. 사도신경은 예수 그리스도에 대한 고백을 단지 부활로 끝내지 않고 승천과 하나님 우편에 좌정하심, 그리고 거기로부터 산 자와 죽은 자를 심판하시기 위해 다시 재림하실 것으로 마치고 있습니다. 이는 고난의 시대를 살아가는 경건한 그리스도인에게 크나큰 승리의 확신과 위로를 제공하는 교리가 됩니다. 산 자와 죽은 자를 심판하러 오시는 분이 바로 죽음에서 부활 승천하시어 전능하신 하나님 우편에 좌정하신 구세주 예수 그리스도이시기 때문입니다. 그러므로 그리스도를 믿지 않는 사람은, 승천하시고 하나님 우편에 앉으신 그리스도의 통치와 다스림을 생각하며 그 위대한 위로를 누릴 수 없습니다. 이는 신자와 참교회에게만 주시는 엄청난 위로의 교리입니다. 교회와 신자를 위한 승천, 우리를 위한 좌정하심을 생각하며 큰 확신과 위로가 넘치기를 소원합니다.

【 생각해 볼 문제 】

1. 그리스도께서 하나님의 우편에 앉으셨다는 고백이 의미하는 바는 무엇입니까? 이것이 왜 우리에게 위로와 힘이 되는 말씀인지 생각해 봅시다.

2. 부활에 대한 루터와 칼빈의 이해를 비교해 봅시다. 책에서 인용한 하이델베르크 교리문답 47문답의 내용은 어떠한 이해에 기반하는 것인지 살펴봅시다.

3. 승천이 부활 못지않게 중요한 이유는 무엇입니까? 그리스도가 어떠한 분이신지, 그리고 구속 사역에서 이 부분이 어떠한 위치를 차지하는지에 대해 함께 생각해 봅시다.

The Apostles' Creed

7장

•••

산 자들과 죽은 자들을 심판하러 오심

주요 용어 : 그리스도의 초림과 재림, 심판, 소멸주의, 열린 신론

．．．

일곱 번째로 살펴볼 사도신경의 고백은 '그리스도께서 산 자들과 죽은 자들을 심판하러 다시 오심'입니다. 사도신경은 하늘에 오르사 전능하신 하나님 우편에 앉아 계시다가 '저리로서 산 자와 죽은 자를 심판하러 오시리라'라고 고백합니다. 이는 하늘로 승천하여 하나님 보좌 우편에 계신 예수 그리스도께서 다시 오신다는 성경의 엄청난 선언입니다. 우리는 지난 시간에 부활 승천의 역사적 사실과 중요성에 대해 살펴보았고 이 교리야말로 승리와 위로의 교리라는 것을 생각해 보았습니다. 그러나 이 승리와 위로의 교리는 그리스도의 다시 오심을 통해 더욱 완벽하게 성취될 것입니다.

그리스도의 오심, 초림과 재림

우리는 사도신경에서 가장 많은 부분을 차지하는 그리스
도에 관한 교리를 다루고 있고, 이제 그 마지막에 도달했
습니다. 하나님의 독생자이신 예수 그리스도께서 사람이
되어(성육신) 이 땅에 오셨고 이제 다시 한번 세상에 강림
하실 것입니다. 따라서 그리스도의 다시 오심을 올바로 이
해하기 위해서는 먼저 다음과 같은 두 가지를 고찰해 보
아야 합니다. 하나는 그리스도의 초림과 재림에 관한 것이
고 다른 하나는 그리스도의 재림의 지연에 대한 것입니다.

구약의 선지자들은 저마다 그리스도께서 오실 그날을
예언했습니다. 구약에 기록된 "여호와의 날"이 바로 그날
이었습니다. 이날은 천사들이 전한 큰 기쁨의 좋은 소식
이 임하는 구원의 날이기도 하지만(눅 2:10), "크고 두려운
날"로 묘사되기도 했습니다(욜 2:31, 말 4:5). 신약의 성도들
은 그리스도의 성육신을 통해 이 약속의 날이 성취되었음
을 확인했습니다. 그 후 그리스도께서 죽으시고 부활 승
천하시고 다시 오실 것이라 말씀해 주심으로 신약의 성도
들은 그리스도의 재림이라는 놀라운 사실을 배우게 되었
습니다.

구약의 예언은 메시아의 도래와 세상의 종말을 분명하게 구분 짓지 않습니다. 선지자들의 예언은 이를 거의 동시적으로 제시하는 것이었습니다. 반면에 신약 성도들은 예언의 말씀과 성육신하시고 부활 승천하신 주님을 통해 이것을 더욱 구분하여 상세하게 볼 수 있었던 것입니다.

그래서 신약 시대의 그리스도인들은 재림의 대한 기대가 매우 컸습니다. 성경은 신약의 성도들이 살아가는 시대를 말세, 즉 종말의 때라고 부르고(딤후 3:1), 주께서 강림하실 것이며(벧전 4:7) 도적같이 오시겠다고 예언합니다(살전 5:2). 하지만 지금까지 주님은 다시 오시지 않았습니다. 이 때문에 일부 불신앙의 사람들은 주님이 강림하신다는 약속은 거짓이라고 불평하기도 한 것입니다(벧후 3:4).

재림의 목적으로서의 심판

사실 이 모든 불평과 불신은 옳아 보입니다. 하나님이 처음에 지으신 하늘과 땅이 지금까지 그대로 있지 않습니까? 하지만 주님이 더디 오시는 것처럼 보이는 이러한 현상의 배후에는 어떤 특별한 목적이 있습니다. 그것은 바로 회개와 심판이라는 두 가지 목적 때문입니다. 베드로는 이러한 불평과 불신에 대해 "주의 약속은 어떤 이들이 더디다고 생각하는 것같이 더딘 것이 아니라 오직 주께서는 너희를 대하여 오래 참으사 아무도 멸망하지 아니하고 다 회개하기에 이르기를 원하시느니라"라고 말합니다(벧후 3:9). 말하자면, 주님께서는 죄인의 회개를 위해 재림을 늦추시는 것입니다. 바로 이러한 이유 때문에 재림의 날짜와 시간은 공개되지 않았습니다. 이유는 성도들로 하여금 깨어있게 하기 위함이며, 회개하게 하기 위함입니다. 만일 재림의 시기를 정확히 안다면 죄인들은 분명히 그리스도의 재림을 오용하고 악용할 것입니다.

그렇다면, 왜 회개해야 합니까? 그렇지 않을 경우 심판이 임하기 때문입니다. 히브리서 기자는 "한번 죽는 것은 사람에게 정해진 것이요 그 후에는 심판"이 있다고 선언했으며, "주께서 그의 백성을 심판"하실 것이라고 말합니다(히 9:27, 10:30). 사도 요한은 마지막 날에 "죽은 자들이 자기 행위를 따라 책들에 기록된 대로 심판"을 받을 것이라고 예언합니다(계 20:12). 최후의 심판에 관한 내용을 담은 웨스트민스터 신앙고백서 33장 제1항은 하나님께서 예수 그리스도로 인해 의로써 세상을 심판할 날을 정하시고 성부의 모든 권세와 심판을 그에게 맡기셨다고 고백합니다. 벨직신앙고백서 37항은 모든 사람들이 이 심판주 앞에 서게 되고, 선악 간에 이 세상에서 행한 것에 따라 심판을 받게 될 것이며, 악인들은 영원한 불 속에서 고통을 받으며, 신실한 자들은 상상할 수조차 없는 영광을 소유하게 될 것이라고 고백합니다. 말하자면, 그리스도의 다시 오심, 즉 재림의 교리는 산 자들과 죽은 자들을 그 행위에 따라 심판하시기 위한 교리입니다. 그래서 사도신경은 '산 자들과 죽은 자들을 심판하러 오실 것'이라고 고백한 것입니다.

심판에 관한 잘못된 이해

이렇게 회개와 심판의 의미를 담고 있는 재림의 교리는 그리스도의 성육신 교리만큼이나 많은 공격과 도전을 받아 왔습니다. 영국 런던의 올 소울스 교회를 오랫동안 목회했던 저명한 존 스토트 목사는 성경에 기록된 영원한 불로서의 지옥의 이미지는 고통이라기보다 소멸을 의미한다고 주장함으로 지옥멸절설을 옹호하는 단초를 제공했습니다. 이러한 주장을 가리켜서 '소멸주의'라고 부릅니다. 이는 지옥이란 회개하지 않는 자들이 불타 없어지는 멸망이지 그 속에서 영원토록 고통을 당하는 것은 아니라는 말입니다. 즉 멸망이라는 것은 존재의 계속이 아니라 존재의 중단이라는 말입니다. 하지만 성경에서 심판으로서의 지옥에 대한 언급은 부자와 나사로의 비유에 나타나 있는 것처럼 단순한 이미지나 상징만이 아닌 생생한 실재입니다(눅 16:23-28, 마 18:8-9, 25:41).

또 다른 하나의 공격은 소위 만인구원론 또는 종교다원주의로 귀결되는 주장입니다. 이러한 주장의 대표적인 인물이 열린 신론(open theism)을 주장하는 클락 핀녹입니다. 핀녹은 다른 종교를 신봉하는 사람이라 할지라도 하나님의 자비하심은 너무나 광대해서 그리스도에 의해 구원을 얻게 될 것이라 주장합니다. 또한 하나님의 자비의 광대하심과 오직 예수 그리스도를 통해서 오는 구원의 은혜가 모순 없이 실행된다고 믿습니다. 왜냐하면, 그는 하나님께서 이러한 사람들(타종교인)에게도 일종의 계시를 부여하셔서 구원하신다고 믿기 때문입니다. 그것이 광대하신 자비의 하나님의 뜻이라고 생각합니다. 만일 그렇다면, 결국 구원받지 못할 죄인은 아무도 없게 됩니다. 도리어 핀녹은 '우리는 예수를 통하여 세상에 이미 임한 구원의 충만함에 대한 택함 받은 증인으로 교회를 보아야 한다'고 말합니다.

스토트가 지옥멸절설을 주장함으로 성경에 있는 심판의 실재가 지닌 공포를 소멸로 약화시켰다면, 핀녹은 만인구원으로 심판과 지옥의 공포를 제거해 버린 셈입니다. 그러나 앞서 언급했듯이 지옥의 실재에 대한 성경의 묘사는 지상에서 당하는 그 어떤 사건사고나 재난, 재앙보다 훨씬 더 심각하고 끔찍한 것입니다. 중요한 사실은 성경이 지옥멸절설이나 만인구원론을 지지하지 않고 도리어 심판과 끔찍한 지옥의 실재를 분명하게 선포하고 있다는 것입니다. 하나님은 죄와 불순종을 용서하시는 사랑의 하나님이시자 동시에 죄와 불순종을 심판하시는 공의의 하나님이십니다. 성경은 이 두 가지를 모두 선포하고 있습니다. 만일 우리가 성경에 충실한 신자들이라면, 비록 그것이 매력적이고 그럴듯한 것으로 들릴지라도 지옥을 멸절로 심판을 만인구원으로 교체해서는 안 될 것입니다.

그리스도의 재림은 위로의 교리

그러므로 복음을 받아들이지 않고 그리스도께 순종하지 않으며 도리어 주님의 재림을 농담과 재미로 여겼던 자들은 마지막 그 크고 두려운 날에 끔찍한 선고를 듣게 될 것입니다. 그들은 지옥에 던져질 것이고(계 20:15), 풀무 불 같은 지옥 불에서 슬피 울며 이를 갈게 될 것입니다(마 13:42, 50, 25:41). 하지만 복음을 받아들이고 그리스도께

순종하며 믿음으로 선을 행하여 자신의 삶을 낭비하지 않은 신자들은 예수 그리스도의 공로로 말미암아 죄 없다 함을 받고 저주로서의 심판을 피하게 될 것입니다. 나아가 하나님이 친히 우리와 함께하셔서 우리 눈의 모든 눈물을 그 눈에서 닦아 주실 것입니다. 하이델베르크 교리문답 52문답은 '그리스도께서 산 자와 죽은 자를 심판하러 오시리라는 사실이 당신에게 어떤 위로를 줍니까?'라는 질문에 '어떤 슬픔과 핍박 가운데서도 나는 고개를 들고 전에 나를 대신해 하나님의 심판대 앞에 서시사 내게서 모든 저주를 없애 주신 바로 그분이 심판자로서 하늘에서 오시기를 기다립니다. 그리스도께서 그분과 나의 원수는 다 영원한 정죄 가운데로 던지실 것이지만 나와 택하신 모든 사람은 자기에게 이끄사 하늘의 기쁨과 영광을 맛보게 하실 것입니다'라고 고백합니다.

따라서 그리스도의 재림은 악인들에게는 공포와 저주가 될 것이지만 신자에게는 크나큰 위로와 축복이 될 것입니다. 이 모든 것은 하나님의 무시무시한 공의의 법정에서 우리 구주 예수 그리스도께서 친히 정죄를 받으시고 심판과 저주를 짊어지셨기 때문입니다. 그러므로 우리는 하늘을 향해 두 손을 높이 들고 다시 오실 예수 그리스도 우리 주님을 기다리는 것입니다. 바울은 데살로니가 교회

교인들에게 이렇게 선포합니다. "주께서 호령과 천사장의 소리와 하나님의 나팔 소리로 친히 하늘로부터 강림하시리니 그리스도 안에서 죽은 자들이 먼저 일어나고 그 후에 우리 살아남은 자들도 그들과 함께 구름 속으로 끌어올려 공중에서 주를 영접하게 하시리니 그리하여 우리가 항상 주와 함께 있으리라." 그러므로 참 신자와 교회는 주님 다시 오실 때까지 "이러한 말로 서로 위로"해야 할 것입니다(살전 4:16-18).

【 생각해 볼 문제 】

1. 그리스도의 초림은 언제였고 재림은 언제 직면하게 됩니까?

2. 구약과 신약 시대의 초림과 재림에 대한 이해는 각각 어떠하고 그 둘의 차이점은 무엇인지 비교해 봅시다.

3. 재림의 시기가 우리에게 감춰져 있는 이유는 무엇입니까?

4. 심판에 대한 잘못된 이해에는 어떠한 것들이 있으며, 이들로 인해 심판의 어떠한 부분이 왜곡되는지 생각해 봅시다.

5. 그리스도의 재림이 우리에게 위로와 소망이 되는 이유는 무엇입니까?

8장

...

성령을 믿습니다

주요 용어 : 내재적 삼위일체, 경륜적 삼위일체,
구원의 적용, 진리의 영

여덟 번째로 살펴볼 사도신경의 고백은 '성령을 믿사오며' 입니다. 지금까지 우리는 성부 하나님을 살펴보았고 성자 예수님에 대해 살펴보았습니다. 사도신경의 12문장 가운데 가장 많은 부분을 차지하는 주제는 성자이신 예수 그리스도입니다. 성경과 신앙고백의 중심 주제가 예수 그리스도를 통해 드러나고 소개되기 때문입니다. 그렇다고 해서 성부와 성령 하나님이 소외되거나 제외되지 않습니다. 성부와 성자와 성령이라는 세 위격이시자 동시에 한 분이신 하나님은 내재적(immanent: 본질적으로 서로 내재하는)뿐만 아니라 경륜적(economic: 구원을 이루시는 데 역할이 나뉘어 있는)으로도 한 하나님으로서 서로 완벽하고도 친밀하게 연합되어 있기 때문입니다. 뿐만 아니라 이후부터 등장

8장 성령을 믿습니다 ◇ 111

하는 성도의 교제, 죄 용서와 몸이 다시 사는 것과 영생이 성령께서 베푸시는 은혜들이기 때문입니다. 종교개혁의 가르침이 잘 담겨 있는, 장로교 신학의 핵심 신앙 고백서인 웨스트민스터 신앙고백서는 1903년에 제34장 '성령 하나님에 대하여'를 추가했습니다. 성령 하나님에 대한 내용이 미흡하다는 이유에서였습니다. 그러나 사실 자세히 살펴보면 9장부터 20장까지의 구원에 대한 내용 자체가 본질적으로 성령 하나님에 대한 내용입니다. 그것은 사도신경의 8번째 고백을 통해서도 여실히 드러납니다.

인격적 하나님이신 성령님

우선 성령님을 믿는다고 할 때 그것은 성령님을 인격적인 하나님으로 믿는다는 것을 뜻합니다. 우리가 성부와 성자 하나님께 '님'을 붙인다면 성령 하나님께도 똑같이 붙여야 마땅합니다. 물론 문법적으로 이에 대한 이견이 있을 수 있으나 성령님은 하나님이시기에 마땅히 모든 존귀와 영광을 동일하게 받으셔야 합니다. 왜냐하면 성부와 성자 하나님과 함께 동일한 신적 본질을 지니신 하나님의 본체이시기 때문입니다(요 14:26, 26). 앞서 살펴보았던 것처럼 성부가 성자보다 높으시고 성자가 성령보다 높으시고 성령님은 성부와 성자에 종속되어 있는 존재로 여겨서는 안 됩니다. 그것은 삼위일체 하나님에 대한 잘못된 이해입니다.

성령님이 성부와 성자와 더불어 영원하신 하나님이시라는 증거는 모두 인용할 수 없을 만큼 성경에 가득합니다. 가장 대표적인 구절은 사도행전 5:3-4절입니다. 사도 베드로는 아나니아를 향해 "어찌하여 성령을 속였느냐"라고 책망하면서 사람을 속인 것이 아니라 "하나님"을 속인 것이라고 말합니다. 성령님은 무슨 우주 뒤에서 역사하시는 비인격적인 힘이나 영향력이 아닙니다. 따라서 성령님을 묘사할 때도 비인격 지시대명사인 그것(it)으로 기록되어 있지 않습니다. 성령님은 삼위일체 가운데 세 번째 위격이시며 그 본질과 위엄과 영광에 있어서 성부와 성자와 동등하신 참되고 영원하신 하나님이십니다(벨직신앙고백서 11항). 바울은 고린도교회 교인들에게 편지하면서 성령님께서 은사를 나누어 주실 때도 "그의 뜻대로 각 사람에게 나누어" 주시는 분이라고 말합니다(고전 12:11).

구원을 적용하시는 성령님

그렇다면, 성령님께서 하시는 주요한 일은 무엇입니까? 이에 대해 하이델베르크 교리문답이 가장 분명한 대답을 제공합니다. 53문답은 '성령께 대하여 당신은 무엇을 믿습니까?'라고 질문하고, '첫째, 성령은 성부와 성자와 함께 참되고 영원한 하나님이십니다. 둘째, 그분은 또한 나에게도 주어져서 나로 하여금 참된 믿음으로 그리스도와 그분의 모든 은덕에 참여하게 하며 나를 위로하고 영원히 나와 함께하십니다'라고 답합니다.

여기서 우리는 '성령을 믿습니다'라는 고백에 담겨 있는 또 다른 두 가지 의미를 생각할 수 있습니다. 그 하나가 바로 성령님께서 신자에게 주어지며, 그리스도와 연합하게 하고, 그분의 은혜에 참여하게 함으로 구원을 얻게 하신다는 것입니다. 말하자면 성부 하나님께서 계획하시고 성자 예수 그리스도께서 이루신 구속의 사역을 성령 하나님께서 신자들의 영혼에 적용하시는 것입니다. 이 사역은 인간의 노력이나 공로를 배제한 오로지 성령님의 독점적이고 배타적인 사역입니다.

구원의 주체에 대한 잘못된 이해

아우구스티누스와 대척점을 이뤘던 주후 4세기의 영국의

수도사 펠라기우스의 주장이나, 그를 추종하던 이들이 아우구스티누스의 주장과 펠라기우스의 주장을 절충한 반-펠라기우스주의(semi-pelagianism), 그리고 16세기 후반에 등장한 알미니우스주의(arminianism)는 일반적으로 아담의 원죄를 부정하거나 원죄의 존재는 인정하나 원죄로 인한 전적 타락을 거부하고 선과 악을 자유로이 선택할 수 있는 의지의 자유를 주장했습니다. 구원에 있어서 스스로의 선택과 선한 행동이 중요하기에 그들의 구원관에서 성령님이 차지하는 자리는 점점 약해져 갔습니다. 그들은 그리스도께서 십자가에게 구원의 가능성을 성취하셨으니 이제 우리가 선행을 행함으로 그 구원을 완성해야 한다고 주장합니다. 하나님께서 인간에게 선을 행하라고 명하시는 것이 인간이 선을 행할 수 있다는 적극적인 증거라고 주장하는 것입니다. 그들은 구원을 적용하신 이후에도 성령의 도우심의 역사로 인간의 의지를 바꾸어 선을 행할 수 있도록 하는 것이 아니라 인간 이성의 자연적 성질이 그렇게 할 수 있다고 믿습니다.

하지만 이들은 타락한 인간의 상태에 대한 성경의 선언을 애써 외면하려는 듯 보입니다. 성경은 인간이 허물과 죄로 죽었다고 단도직입적으로 선포합니다(엡 2:1). 유대인도 죄인이며 이방인도 죄인이며 선을 행하는 자는 없고 하나님을 찾는 자도 없다고 말합니다. 의인은 없나니 단한 사람도 없다고 선포합니다(롬 3:10-11). 타락한 죄인은 성령님의 도우심이 없이는 결코 스스로 주님 앞에 나아올 수 없습니다(요 5:40). 우리가 친구의 전도를 통해서이든 설교자의 설교를 통해서이든 죄인임을 깨닫고 예수 그리스도를 구세주로 고백하고 믿게 되었다면 그것은 스스로 그렇게 한 것이 아니라 바로 성령님께서 우리의 타락하고 어두워진 마음을 혁명적으로 바꾸어 주셨기 때문입니다. 바리새인들처럼 외면적으로 종교적으로 예배에 참석하고 교회를 다닌다고 해서 죄악된 마음이 바뀌는 것은 아닙니다. 구원의 적용과 지속은 전적으로 성령 하나님의 독점적인 사역입니다. 웨스트민스터 소교리문답 30문답은 이것을 가리켜 '구속을 효력 있게 적용하심'이라 했고 웨스트민스터 대교리문답 58문답은 '그리스도께서 획득하신 유익을 성령 하나님의 특별하신 사역에 의해 우리에게 적용하는 것'이라고 했습니다.

영원히 함께하시는 성령님

우리가 성령님을 믿는다고 고백할 때 그것에 담겨 있는 또 다른 의미는 성령님께서 우리와 영원히 함께하신다는 것입니다. 그리스도께서는 아버지께로 돌아가시기 전에 이렇게 말씀하셨습니다. "내가 아버지께 구하겠으니 그가 또 다른 보혜사를 너희에게 주사 영원토록 너희와 함께 있게 하리니 그는 진리의 영이라 세상은 능히 그를 받지 못하나니 이는 그를 보지도 못하고 알지도 못함이라 그러나 너희는 그를 아나니 그는 너희와 함께 거하심이요 또 너희 속에 계시겠음이라"(요 14:16-17). 이것은 매우 중요합니다. 진리의 영이신 성령님을 받은 신자의 특징은 성령님처럼 '안다'는 것입니다. 하나님을 알고 믿으며, 예수님을 알고 믿는다고 고백합니다. 그리고 성령님께서 자신 안에 거처를 삼고 성전 삼으신 것을 깨닫습니다(고전 3:16). 이 성령님으로 말미암아 예수를 주로 고백합니다(고전 12:3). 그러므로 그리스도의 영이 없으면 그리스도의 사람 즉 신자가 아닙니다(롬 8:9).

이렇게 성령님께서 함께하시는 신자는 성령의 열매를 맺습니다(갈 5:22-26). 베드로 사도는 "너희가 그리스도의 이름으로 치욕을 당하면 복 있는 자로다 영광의 영 곧 하나님의 영이 너희 위에 계심이라"라고 말했습니다(벧전 4:14). 성령을 받은 사람은 인격적 열매를 맺으며, 그리스도의 이름으로 고난을 견디는 사람입니다. 또한 성경 이외의 계시를 받으려 하거나 하나님의 음성을 듣는 것에 과도

하게 몰입하거나 상식과 자연 질서를 넘어서는 기적에만 몰두하지 않습니다. 오직 성령의 열매는 사랑과 희락과 화평과 오래 참음과 자비와 양선과 충성과 온유와 절제입니다(갈 5:22-23).

영원히 우리와 함께 거하시는 성령님은 오순절에 강림하셔서 3천 명이나 죄를 회개하게 하시고 세례 받게 하시고 교회를 세우신 분이십니다. 성령님은 신자 개개인에게 함께하실 뿐만 아니라 신자들이 모인 교회 공동체에도 함께하십니다. 그곳에 직분을 세우시고 그로 인해 공동체가 그리스도의 몸을 이루게 하십니다. 내려주시는 은혜를 통해 교회를 다스리시며 우리를 온전케 하시고 그리스도의 장성한 분량이 충만한 데까지 이르게 하십니다(엡 4:1-14). 성령님은 사울과 같은 가장 강퍅한 사람의 마음을 변화시켜 가장 강력한 설교자 바울로 바꾸신 능력의 하나님이십니다. 성령님께서 변화시키지 못할 죄인은 단 한 사람도 없습니다. 성령님께서는 신자 개인의 구원에 필요한 믿음뿐만 아니라 교회에 필요한 모든 것을 공급하시는 하나님이십니다. 하나님께서는 어떠한 상황도 한순간에 역전시킬 수 있는 분이십니다. 오늘날 무기력해진 한국 교회에 영원한 위로와 소망이 되시는, 영원히 우리와 함께하시는 성령 하나님을 찬양합니다.

【 생각해 볼 문제 】

1. 하나님의 존재를 내재적으로, 경륜적으로 이해한다는 것은 각각 어떠한 의미입니까?

2. 성령 하나님을 믿는다는 것은 어떤 의미입니까?

3. 구속 경륜에 있어서 성령 하나님의 역할은 무엇입니까?

4. 구원의 주체에 관한 잘못된 이해들에는 어떤 것들이 있습니까? 그 내용들이 성령 하나님의 구속 경륜에서의 역할을 어떻게 왜곡시키는지 생각해 봅시다.

The Apostles' Creed

9장

* * *

거룩한 공회와 성도의 교통

주요 용어 : 공교회(보편교회), 로마 가톨릭, 재세례파,
세대주의, 도나투스파, 이머전트 교회

이제 아홉 번째로 살펴볼 사도신경의 고백은 '거룩한 공회
와 성도의 교통을 믿사오며'입니다. 거룩한 공회(the holy
catholic church)는 거룩한 공교회 또는 거룩한 보편교회
를 뜻하며, 성도의 교통(the communion of saints)은 성도
들의 교제 또는 친교를 의미합니다. 사도신경은 성부와 성
자와 성령 하나님에 관한 고백을 정리하면서 이제 교회에
집중합니다. 교회는 결국 성령 하나님께서 역사하신 결과
라 할 수 있습니다. 예수 그리스도께서 부활 승천하신 이
후 보혜사 성령님께서 오셨고, 오순절에 성령의 충만을 입
은 제자들의 설교와 복음 전파로 말미암아 역사적인 신약
교회가 태동되었기 때문입니다(행 2).

거룩한 공교회

우리가 오늘날의 교회를 생각할 때, 사람이 시작하고 만들고 운영하는 교회를 연상하기 쉽습니다. 그러나 사도신경에서 '거룩한 공교회'라 할 때 그것은 교회의 기원이나 근원이 사람이 아닌 삼위일체 하나님께 있음을 뜻합니다. 구약에서 교회는 하나님께서 자기 백성을 불러 모으신 '하나님의 회중'이요, '대회'요, '여호와의 총회'입니다(출 12:6, 민 14:5, 렘 26:17, 신 4:10, 18:16, 5:22, 왕상 5:6). 신약에서 교회는 '하나님의 백성'이요(벧전 2:9-10), 그리스도를 머리로 하는 '그리스도의 몸'이며(엡 1:23), 성령께서 거하시는 '성령의 성전'입니다(고전 3:16, 6:19-20). 따라서 교회의 기원은 사람이 아니라 하나님이십니다. 사도신경이 '거룩한 공회와 성도의 교제를 믿사오며'라고 고백한 이유도 여기에 있습니다. 교회는 구원의 경륜을 통해 드러나신 삼위일체 하나님께서 그리스도께서 재림하실 때까지 자기 백성을 불러 모으시는 구속 역사의 기관이기 때문입니다. 우리가 통상적으로 '교회 밖에는 구원이 없다'라고 말할 때의 진정한 의미가 여기에 있는 것입니다. 하나님께서는 교회라는 구속 기관을 통해 믿는 자들을 불러 모으시고 그들을 하나님의 백성과 제자들로 양육하시기를 기뻐하십니다(엡 4:11-16).

이러한 교회를 우리는 가톨릭(catholic), 즉 보편교회라고 부릅니다. 우리가 교회를 보편교회라고 부르는 것은 이 교회가 시간과 공간을 초월하여 전 세계 어디에나 존재하기 때문입니다. 삼위 하나님의 참 교회가 온 세계에 두루두루 퍼져 있는 것입니다. 전 세계에는 오직 하나님께서 이끄시는 하나의 보편교회만 있습니다. 오늘날 교회가 수많은 교파와 교단으로 분열되어 있는 것처럼 보인다 할지라도 실로 교회는 그리스도 안에서 하나입니다(고전 12:13). 따라서 우리가 자신이 몸담고 있는 '내' 교회만 생각하는 것은 잘못된 태도입니다.

잘못된 교회관

중세의 로마 가톨릭교회는 비록 가톨릭교회라는 이름을 지녔지만 진정한 의미에서의 보편교회라고 보기엔 다소 무리가 있습니다. 로마 가톨릭교회는 교황을 머리로 하는 눈에 보이는 제도적인 교회를 시공간을 초월한 영적인 교회(무형교회, 보편교회)와 동일시했습니다. 또한 교회의 무류권(無謬權)을 인정하여 성경을 믿는 것과 가톨릭교회의 교도권(해석)에 복종하는 것 역시 동일시했습니다. 자칫 성경의 권위보다 교회의 권위를 더 우위에 둘 수도 있는 여지를 마련한 것입니다. 이러한 교회의 권위에 대한 강화는, 주교(교황, 추기경, 대주교)와 신부로 이어지는 계급적 조직을 강조하는 사제주의와 맞물려 폐쇄적인 교회를 만들기에 이릅니다. 말하자면, 로마 교회를 떠나서는 구원이 없고, 로마 교회를 떠나는 것은 파문을 당할 만큼 이단적인 것이라고까지 주장했습니다.

재세례파는 그 반대 극단으로 나아갑니다. 로마 가톨릭교회의 사제주의와 제도주의에 반발한 재세례파는 제도적 교회를 부정하고 제도적 교회에서 받은 세례도 무효이기에 다시 세례를 받아야 한다고 주장했습니다. 결국 그들은 일종의 무교회주의의 오류로 빠지고 말았습니다. 하지만 진정한 교회는 이 두 국면을 다 가지고 있습니다. 참된 교회는 영적이고 보편적인 동시에 조직적이며 제도적입니다. 또한 성령 하나님께서 거하시는 성전일 뿐만 아니라 직분을 통한 조직으로 운영되는 기관이기도 합니다.

교회에 대한 또 다른 실책은 소위 교회의 기원과 특성에 관계합니다. 앞서 교회가 오순절 성령 강림 시에 태동되었다고 말한 바 있습니다. 그렇다고 해서 구약에는 교회가 없었던 것이 아닙니다. 바꾸어 말하자면 교회는 신약시대 이래로만 출현했던 기관이 아닙니다. 하지만 존 넬슨

다비와 사이러스 인거선 스코필드를 필두로 하는 세대주의자들은 구약에는 교회가 없었고 신약에도 교회가 없었지만 그리스도께서 왕이 되시는 것을 유대인들이 반대하자 하나님께서 그리스도의 재림 시까지 하나님의 나라를 연기하시고 그 사이에 교회를 두셨다고 주장합니다. 세대주의자들의 일반적인 신학은 구약에는 하나님이 신약에는 예수님이, 오늘날에는 성령님만이 사역하신다는 점에 있습니다. 하지만 교회는 하나님께서 세상을 시작하실 때부터 존재했습니다. 프롱크 목사는 이를 '교회는 시간이 시작될 때부터 성도의 교제로 부르심 받았고 시간이 끝날 때까지 그렇게 부르심을 받은 사람들로 이루어집니다'라고 아름답게 표현했습니다. 웨스트민스터 신앙고백서 25장은 교회를 '과거와 현재와 미래에 걸쳐서 교회의 머리이신 그리스도 아래 하나로 모이는 택함 받은 자들의 전체로 구성'된다고 고백합니다. 벨직신앙고백서 27항 역시 교회를 가리켜 '세상의 시작부터 있어 왔으며, 세상 끝날까지 있을 것'이라고 고백합니다. 그러므로 구약시대에 교회가 없었다는 것은 성경이 밝히 선언하고 있는 교회의 연속성을 부정하는 오류를 저지르는 것입니다.

성도의 교통: 예배와 성례와 섬김의 교제

이러한 의미에서 올바른 성도의 교통을 이해하는 것은 중대한 일입니다. 성도의 교제는 거룩한 공교회의 개념과 불가분의 관계에 있으며 필연적으로 거룩한 공교회가 성도의 교제의 근원이 됩니다. 우선 가장 먼저 언급해야 할 것은 성도의 교제는 본질적으로 볼 때, 사람과 사람 사이의 교제가 아니라는 것입니다. 이 교제는 신적인 교제입니다. 예수 그리스도 안에서 믿음으로 하나님의 백성이 된 신자들이 그리스도께 접붙임을 당해 필연적으로 하나님과 영적 관계를 맺는 교제입니다. 우리가 보통 성도의 교제를 나누자 하면, 신자들끼리 모여 커피를 마시며 다과를 먹고 담소를 나누는 일종의 사교적 만남을 생각하기 쉽습니다. 그러나 사도신경에서 고백하는 성도의 교통은 그런 종류의 인간적 교제(fellowship)가 아닙니다. 성도의 교통은 생각보다 훨씬 더 큰 개념입니다.

성도의 교제는 그리스도와의 신비한 연합이 전제되는 교제입니다. 하나님의 선물로 주어지는 믿음으로 말미암아 그리스도와 연합된 자는 그리스도 안에서 필연적으로 하나님을 경배합니다. 그렇게 하나님을 경배하는 신자들이 모인 공동체가 바로 교회입니다. 따라서 교회 공동체로 모인 성도의 교제는 무엇보다도 성삼위 하나님을 향해 경배를 드리는 예배를 통해 교제를 나눕니다. 그래서 웨스트민스터 신앙고백서 26장은 성도의 교제를 '성령에 의해 예수 그리스도에게 연합된 모든 성도들의 은혜, 고난, 죽음, 부활, 영광에서 그분(예수 그리스도)과 교제한다'라고 한 것입니다.

그러므로 성도의 교제는 우선 예수 그리스도와의 교제입니다. 따라서 우리는 이러한 성도의 교제를 다시 예배의 교제라 할 수도 있습니다. 신약성경이 정의하는 교회의 특징 가운데 하나가 "사도의 가르침을 받아 서로 교제하고 떡을 떼며 기도하기를 힘쓴 것"입니다(행 2:42). 교회에서는 말씀과 교제와 성례와 기도가 필수적인 요소로 존재합니다. 따라서 성도의 교제란 예배의 교제이자 동시에 말씀의 교제이며 성례의 교제입니다. 예배를 통해 하나님의 말씀을 듣고 나누고 성례, 특히 성찬을 통해 함께 식탁에 앉아 한 하나님의 가족 된 것으로 교제합니다. 그리고 이렇게 한 가족이 되었기 때문에 자신이 받은 은혜와 은사를 나누는 섬김을 통해 교제합니다. 성실한 예배, 은혜의 식탁에 불참하지 않는 것, 직분을 가지고 섬기는 것, 물질을 구제하며 나누는 것 등을 통해 성도의 교제를 수행합니다.

공교회와 예배에 관한 잘못된 이해

교회는 그저 세상의 사교 집단과는 차원이 다릅니다. 교회의 존재 목적은 하나님을 경배하는 것이며, 복음을 전함으로 택한 백성들을 구원하는 보편적 구속 기관입니다. 성도의 교제는 바로 이것을 지향해야 합니다.

주후 4-5세기에 번성했던 도나투스파는 배교한 자들을 용서하는 일에 반대하며 자기들의 교회에 속한 자들만 참된 교인이 된다는 과격한 분리주의를 주장합니다. 그들은 자신들만이 참된 교회이며 참된 교인의 복음의 교제를 누린다고 했습니다. 오늘날 이단성을 지닌 적잖은 교회들이 바로 이러한 범주의 오류를 저지르며 보편교회를 부인하고 지역 교회의 교인들을 정죄하고 판단합니다. 그러나 참된 교인은 전 세계 보편교회의 교인으로서 그리스도와 연합되어 세상 어디에 있든지 함께 성도의 신비한 교제를 나눕니다.

20세기 후반과 21세기 초반에 등장한 소위 이머전트 교회는 거룩한 공교회와 성도의 교제에 대한 역사적 신앙고백에서 탈피해 오늘날 문화에 맞춘 교회를 지향합니다. 강단에서 설교단이 사라지고 설교는 드라마나 연극으로 대치됩니다. 어떤 교회는 예배당을 야구장으로 꾸미고 강단을 홈플레이트로 만들어 야구 유니폼을 입고 글러브와 방망이를 들고 찬송을 부르며 예배를 드리기도 합니다. 시대의 문화를 수용하는 상황화에 대한 고민은 어느 시대의 교회나 필요한 부분입니다. 하지만 문화적 접점을 마련하는 일에 지나치게 몰두한 나머지 교회 전통의 역사적 보편성마저 잃어버리면 안 될 것입니다. 이러한 모습들을 참된 거룩한 공교회에 속한 성도의 참된 교제, 참된 예배라 부르긴 어려울 것입니다.

성도의 교제는 사람을 만족시키는 교제도 아니요 그저 우리끼리만 기뻐하고 즐거워하는 분파주의의 산물도 아닙니다. 성도의 교제는 성령님의 지도를 따라 진리의 말씀 안에서 규정된 대로 예배와 성례와 봉사의 교제여야 합니다. 성도의 참된 교제를 통해 그리스도께서 자기 앞에 우뚝 세우시는 영광스러운 교회, 참되고 거룩한 공교회의 모습을 회복하는 우리가 되기를 소원합니다(엡 5:26-27).

【 생각해 볼 문제 】

1. 공교회(보편교회)란 무엇입니까? 보편(catholic)교회와 로마 가톨릭(catholic) 교회는 어떻게 다른가요?

2. 본 장에서 언급한 잘못된 교회관들에는 어떠한 것들이 있는 지 정리해 봅시다.

3. 성도의 교제가 신적인 교제인 것과 우리가 드리는 예배는 어떠한 관계입니까? 신적인 교제와 예배가 서로 긴밀할 수밖에 없는 이유는 무엇입니까?

4. 과도한 분리주의 혹은 과도한 문화적 소통에의 집착이라는 이 양극단의 폐해는 무엇이고 나 자신과 나 자신이 속한 교회 공동체가 이를 통해 적용할 점들은 무엇일지 생각해 봅시다.

10장

* * *

죄를 사하여 주시는 것을 믿습니다!

• • • 주요 용어 : 죄 용서, 펠라기우스, 알미니우스, 면벌부,
　　　　　　고해성사, 7성례, 세례, 성찬

열 번째로 살펴볼 사도신경의 고백은 '죄를 사하여 주시는 것을 믿습니다'입니다. 죄를 사하여 주신다는 표현은 죄를 용서하여 주신다는 표현과 동일합니다. 사도신경의 열 번째 고백은 사람이 용서받아야 할 죄가 있는 존재임을 전제합니다. 웨스트민스터 소교리문답 14문답과 대교리문답 24문답은 죄를 가리켜 '하나님의 율법을 순종함에 부족한 것이나 어기는 것'이라고 정의합니다. 하나님의 율법이란 하나님께서 부여하신 계명으로서의 규칙입니다. 타락 이전으로 말하자면 행위언약으로 불리는 선악을 알게 하는 나무의 실과를 먹지 말라는 명령이며, 은혜 언약의 시행 이후 맺어진 새 언약에 따르자면 하나님을 사랑하고 이웃을 자신의 몸같이 사랑하라는 것입니다. 하지만 인류는 하나님을 사랑하지도 이웃을 자신처럼 사랑하지도 않습니다. 인간이 하나님의 명령을 대적하여 타락했고 죄를 범하여 도무지 선을 행할 수 없는 허물과 죄로 죽은 죄인이 되었기 때문입니다(엡 2:1-2).

용서받아야 할 죄의 엄중함

그러므로 우리가 타락 이후의 죄인을 정의할 때, 인간이 죄를 범하기 때문에 죄인이 아님을 기억해야 합니다. 우리는 죄인이기 때문에 죄를 저지르는 것입니다. 죄인이라는 존재가 죄악이라는 행동을 낳습니다. 또한 성경에서 죄의 정의에 대한 본질은 사람을 향한 선한 행동이나 악한 행동이 아니라 하나님을 향한 것입니다. 하나님을 믿지 않고 그리스도를 영접하지 않으며 하나님의 복음에 순종하지 않는 것이 죄입니다. 그 마음에 하나님 두기를 싫어하는 것이 죄입니다. 성경은 이러한 사람을 가리켜 어리석은 자이며 그 마음에 불의를 품어 간사를 행하는 자라고 정의합니다(시 14:1, 53:1, 사 32:6). 나머지 도덕적이거나 윤리적인 죄는 모두 이 본질적인 죄로부터 파생되어 나옵니다.

따라서 '죄를 사하여 주시는 것(죄 용서)을 믿습니다'라는 고백은 온 인류가 아담 안에서 하나님을 대적한 죄를 범한 것과, 그 결과 하나님을 미워하고 계속해서 하나님의 법에 순종하지 못하고 죄와 악만 저지르는 상태에 빠져버린 사실을 전제합니다. 바울이 말한 것처럼 "한 사람으로 말미암아 죄가 세상에 들어오고 죄로 말미암아 사망이 들어왔나니 이와 같이 모든 사람이 죄를 지었으므로 사망이 모든 사람에게 이르게" 된 것입니다(롬 5:12). 이 죄의 결과 인류가 부패했고 오염되었으며, 하나님께서 엄중하게 경고하신 말씀대로 죽게 되었습니다. 죄인은 살아 있으나 영적으로 죽었고 육체가 죽어가고 있으며 마침내 죄의 형벌에 따라 죽어 흙으로 돌아가게 될 것입니다. 우리 모두가 부활 이전에 이러한 육체의 종말을 맞이할 것입니다. 이것이 죄인인 인류가 만난 문제입니다. 역사가 시작된 이래 그 누구도 죄의 형벌로서의 죽음을 견디거나 죽음을 피하거나 죽음을 극복한 사람은 없습니다.

죄인 된 인류는 죄악된 상태에서 부활하여 죄악된 상태에서 영원한 심판의 진노와 저주를 받게 될 것입니다(요 5:28-29). 그러므로 이 죄를 용서받지 못한다면, 인간에게는 이 저주와 진노의 심판에서 헤어 나올 다른 소망이 없습니다. 주 예수 그리스도께서 사람의 몸을 입고 때가 차매 여자에게서 나시고, 고난을 받으시고, 온 율법을 성취하시고, 십자가에서 속죄적(대속적) 죽음을 당하시고, 사흘 만에 부활하신 이유가 바로 여기에 있습니다. 예수 그리스도께서는 성부 하나님께서 택한 백성들의 죄 용서와 영생을 위하여 돌아가시고 부활하셨습니다. 하나님께서는 천하 인간에게 예수 이름 외에 구원 얻을 만한 다른 이름을 주신 일이 없으십니다(행 4:12). 오직 예수 그리스도의 속죄적 죽으심만이 죄인의 죄를 용서하실 수 있기 때문입니다. 성령님께서는 바로 이 예수 그리스도의 속죄적 죽으심의 효력을 죄인들에게 적용하시어 죄인들의 죄를 용서하시는 것입니다.

죄와 타락에 대한 잘못된 이해: 펠라기우스와 알미니우스의 사죄관

하지만 모든 사람이 이렇게 믿었던 것은 아닙니다. 아우구스티누스와 충돌했던 주후 약 4세기경의 수도사 펠라기우스는 인간의 원죄를 부인했습니다. 펠라기우스는 인간의 타락은 아담 자신만을 해하였을 뿐 선을 행할 수 있는 인간의 본성에는 아무런 영향을 끼치지 못했다고 주장합니다. 따라서 아담을 대표로 하는 죄의 전가나 죄책의 유전이나 원죄의 개념 따위는 아예 존재하지 않는다고 말합니다. 아담 이후에 출생하는 모든 사람들은 지금도 타락

이전의 아담과 동일한 상태에서 출생하여 아담과 같이 선과 악을 행할 수 있는 중성적인 상태로 태어난다고 주장합니다. 만일 그렇다면 모든 인류는 죄인으로 태어나지 않는 것이 됩니다. 죄인으로 태어나지 않으니 오염, 부패, 전적 타락 같은 교리도 적용되지 않습니다. 펠라기우스에게 있어서 인류의 대표로서의 아담은 그저 범죄를 선택한 나쁜 모범의 선례가 되어버릴 뿐입니다. 그래서 펠라기우스는 인류도 얼마든지 나쁜 선례의 아담을 본받지 않고 선을 행할 수 있다고 주장합니다. 펠라기우스의 주장이 옳다면, 죄를 사하여 주시는 은혜는 불필요한 것이 됩니다. 죄인으로 태어나지 않는 자에게 죄 사함이 무슨 필요가 있겠습니까?

하지만 아담 이후에 태어난 모든 인류 가운데 죄를 범하지 않는 사람은 단 한 사람도 없습니다. 바울이 고발한 대로 의인은 없나니 한 사람도 없는 것입니다(롬 3:10). 펠라기우스는 이러한 죄의 보편성과 만연성이 잘못된 교육과 아담의 악한 선례 때문이라고 궁색하게 변명하지만 죄의 보편성은 인간이 죄인으로 태어나 죄만 범하는 존재로 타락했기 때문에 생겨났습니다.

이후 천 년이 지난 16세기 후반 제임스 알미니우스는 펠라기우스와 달리 아담의 죄가 인간의 성질을 약화시킨다고 보았으나, 원론적인 면에서 펠라기우스와 동일하게 인간의 원죄를 부인했고 죄의 오염과 죄책이 전가되지 않는다고 주장했습니다. 알미니우스를 계승한 알미니안주의자들은 인간이 자신의 타락과 죄의 전가 대신 영적 선을 행할 수 있는 의지의 자유를 주장했습니다. 이 의지의 자유로 인간은 어느 정도 선을 행할 수 있게 되었고 하나님께로 향할 수 있게 되었다고 말합니다. 따라서 알미니안주의자들에게 있어서 죄의 용서나 구원은 신인 협력적인 것으로 전락하게 됩니다. 만일 누군가가 구원받지 못했다면 그것은 하나님이 베푸신 은혜를 거절했거나 인간의 의지의 자유를 충분히 협력하지 못했기 때문이라고 말하는 것입니다. 그러나 죄를 사하여 주시는 것은 하나님의 전적인 은혜입니다. 죄와 허물로 죽은 자들은 하나님과 스스로 협력하여 죄 용서를 얻을 수 없습니다. 허물과 죄로 죽은 우리를 살리신 것은 전적으로 하나님의 은혜입니다(엡 2:1-5).

용서의 주체에 대한 잘못된 이해: 로마 가톨릭교회의 사죄관

로마 가톨릭교회의 사죄관은 죄 용서에 있어서 반드시 언급해야 할 부분입니다. 이것이 죄를 용서하는 주체가 누구

인가에 대한 문제이기 때문입니다. 또한 이 부분에서 참된 교회의 역할을 혼동하기도 합니다. 우선 로마 가톨릭교회는 죄를 사해줄 만큼의 권위를 스스로 가지고 있다고 주장합니다. 또한 성경의 정경을 결정할 만큼 강력한 권위를 소유합니다. 따라서 성경의 권위와 로마 가톨릭교회의 권위가 충돌할 때 더 우세한 권위는 바로 그들이 말하는 교회의 권위입니다. 이것이 죄 용서와 구원에 적용될 때, 로마 가톨릭교회는 사죄와 구원의 수여에 대한 막강한 권위를 가지게 됨을 의미합니다. 그 대표적인 실례 세 가지가 바로 '면벌부'의 발행과 사제를 통한 '고해성사', 그리고 교회가 시행하는 '7성례'입니다.

첫째로 면벌부는 로마가톨릭교회가 시행하는 죄 용서의 전형적인 실례입니다. 면벌부는 본래 죄책이 아닌 죄의 형벌을 대신 감해주는 책벌의 일환으로 발행되었지만, 점차 변질되어 죄와 죄책 자체를 제거해 주는 수단으로 전락했습니다. 둘째로 인간 사제들의 고해성사는 유일한 중보자이신 그리스도의 속죄 사역을 불완전한 것으로 만들었습니다. 마지막으로 7성례는 인간의 영혼의 운명과 장소를 결정함에 있어서 교회의 권위가 얼마나 막강해질 수 있는지를 보여줍니다. 심지어 그들은 죽을 때조차 종부성사(병자성사)를 통해 특별한 은혜를 받습니다. 벌코프는 이러한 가톨릭의 7성례에 대해 '성례에서 주어진 은혜를 전적으로 내적 성화를 일으키는 은혜로 생각하여 인간을 초자연적인 위치에 올려놓고 신성을 부여받은 자로 만들었다'고 평가합니다. 따라서 죄인의 죄를 용서하는 것은 말씀을 통해 역사하시는 성령님의 사역이라기보다는 교회의 성례 성사를 통해 이루어지는 것이라 할 수 있습니다.

죄 용서에 대한 성경적 이해

앞서 언급했듯이 죄를 사해주시는 사역은 예수 그리스도의 속죄 사역의 공로를 말씀을 통해 죄인의 심령에 역사하시는 성령님의 사역입니다. 그런데 이 사역이 교회라고 하는 하나님의 구속기관을 통해 베풀어집니다. 종교개혁 신학이 보통 '교회 밖에는 구원이 없다'고 말할 때, 그것은 로마 가톨릭교회가 주장하는 것처럼 그들의 교회 이외에는 구원이 없다는 말이 아닙니다. 그것은 교회를 통해 선포되는 죄 용서와 구원의 복음, 즉 전도와 설교의 사역을 통해서 구원의 도를 배울 수 있음을 의미합니다. 바울은 로마교회에 편지하면서 믿음은 들음에서 나며 들음은 그리스도의 말씀으로 말미암는다고 말했습니다(롬 10:17). 성령님께서는 하나님의 구속 기관인 교회의 복음 전파를 통해 죄를 깨닫게 하시고, 구주 예수 그리스도를 영접하게 하시며 구원을 통한 영생의 감격을 맛보게 하십니다. 이렇게 성령 하나님의 사죄의 은총과 구속 사역을 경험한 거듭난 신자들은 교회의 학습과 세례 교육을 통해 물세례를 받고(유아세례를 받은 자들은 만 14세에 입교식을 치르고) 성찬에 참여하게 됩니다. 따라서 가톨릭에 반해 일어난, 종교개혁의 신학에 기반한 교회는 성경이 오직 두 가지의 성례 즉 세례와 성만찬만 언급하고 있다고 믿었습니다.

우리의 죄를 사해주시는 분은 사람이나 기관이 아닌 삼위일체 하나님이십니다. 그렇기 때문에 이 사실은 신자가 죄를 회개해야 할 의무를 조금도 감소시키지 않습니다(웨스트민스터 신앙고백서 15장). 성경은 죄 용서를 위한 회개가 모든 사람의 의무라고 선언했고 예수님께서도 첫 설교의 주제로 회개를 선포하셨습니다(막 1:15, 눅 13:5, 행 17:3). 죄 용서를 위한 회개는 하나님 나라에 들어가기에 합당한 자들의 표식이며, 그렇게 죄 용서를 받은 신자들은 다른 이들의 죄도 용서하게 됩니다. 이러한 죄 용서를 믿는 믿음은 결국 서로를 주 안에서 용납하고 화목하게 하여 주 예수 그리스도의 용서의 은혜를 널리 전파하는 은혜의 행위가 됩니다.

따라서 참된 교회는 죄와 그 죄의 회개를 가르쳐야 하며, 더 나아가 그 죄의 치료책인 죄 용서의 은혜를 풍성하게 가르쳐야 합니다. 성부 하나님께서 계획하시고 주 예수 그리스도께서 성취하시며 성령 하나님께서 적용하시는 죄 용서하심의 은혜가 충만하기를 소원합니다!

【 생각해 볼 문제 】

1. 웨스트민스터 대소교리 문답이 정리해 준 죄에 대한 정의는 무엇입니까?

2. 우리가 꼭 죄 사함을 받아야 하는 이유는 무엇입니까?

3. 죄에 대한 잘못된 이해에는 어떤 것들이 있습니까? 우리가 평소 알고 있던 죄 용서에 대한 개념과 잘못된 이해들을 비교해 봅시다.

4. '교회 밖에는 구원이 없다'는 말의 참 의미는 무엇입니까?

The Apostles' Creed

11장

* * *

몸이 다시 사는 것을 믿습니다!

주요 용어 : 몸의 부활, 부활체, 이원론, 부활의 유익

사도신경의 열한 번째 고백은 '몸이 다시 사는 것을 믿습니다'입니다. 몸이 다시 산다는 것은 몸의 부활을 가리킵니다. 그러므로 이 고백은 사람의 몸이 죽음으로 멸절되지 않고 그 생명이 계속된다는 것을 전제하고, 무덤 너머의 생명과 삶이 있다는 것을 의미합니다. 즉 그리스도인의 삶은 그저 장수하는 것이 아니라 몸이 죽었다가 다시 살아나는 죽음 너머의 영생을 소망하는 것입니다.

부활의 확실성

그리스도인이 이렇게 말할 수 있는 것은 하나님의 계시의 말씀인 성경이 부활을 확고하고도 풍성하게 증언하고 있기 때문입니다. 특별히 복음서를 비롯하여 신약성경은 몸의 부활을 확신 넘치게 선포합니다. 요한은 생명의 부활과 심판의 부활을 말했고(요 5:29), 바울은 의인과 악인의 부활과 죽을 몸을 살리시는 하나님의 능력에 대해 말했습니다(행 24:15, 롬 8:11). 또한 예수님 자신께서 "나는 부활이요 생명이니 나를 믿는 자는 죽어도 살겠고 살아서 믿는 자는 영원히 죽지 않을 것"이라고 약속하셨습니다. 무엇보다도 주님 자신이 친히 십자가에서 죽으신 지 삼일 만에 실제로 무덤에서 다시 살아나심으로 몸의 부활의 확실성을 확증해 주셨습니다(요 11:25, 마 27:53, 28:6).

그러나 늘 그렇듯이 초대교회에도 부활을 부인하는 사람들이 있었습니다. 이에 대해 바울은 고린도전서 15장에서 만일 부활이 없다면 그리스도인이 이 세상에서 가장 비참한 존재가 될 것이라며, 부활의 확실성과 부활의 상태 그리고 부활의 능력의 위대함을 웅변적으로 선포합니다. 부활은 성경의 증언과 부활하신 예수 그리스도 그리고 그 부활을 목격한 초대교회의 증언으로 볼 때 더욱 확실합니다.

부활에 대한 다양한 논쟁

역사적으로 그리스도인들이 몸의 부활을 믿은 것은 사실이지만 그 부활의 몸이 어떠할 것인지에 대해서는 그 견해가 다소 달랐습니다. 그것은 특히 현재의 몸과 부활의 몸의 연속성과 불연속성에 대한 초기의 관심에 집중되었습니다. 초대 교부들은 대부분 육체의 부활을 믿었지만 내세의 육체와 현재의 육체를 동일하게 보았습니다. 반면 알렉산드리아 학파의 오리겐은 부활의 몸은 순화된 몸이고 영적으로 변화한 육체라고 다소 다른 주장을 하게 됩니다. 또한 어거스틴은 부활 시에 인간의 몸은 다 성장한 모습을 갖게 될 것이라 했습니다. 나아가 라틴 교부인 제롬은 부활한 몸은 머리털과 치아도 죽을 당시와 꼭 같을 것이라 주장하기도 했습니다.

스콜라신학 시대인 중세의 토마스 아퀴나스는 그리스도의 재림의 때에 살아 있는 자들이 먼저 죽은 후에 이미 죽은 자들과 더불어 다시 부활할 것이라 주장했습니다. 또한 부활 시에 모든 사람은 어거스틴의 주장과는 달리 젊은이의 모습을 갖게 될 것이며, 육체는 영혼의 요구에 따라 빠르고 가볍게 움직일 것이라 말했습니다. 반면 악인의 육체는 부패하지는 않겠지만 보기 흉하게 변하고 고통을 받게 될 것이라 했습니다. 초대교회와 중세교회는 일반적으로 몸의 부활에 대해서는 일치했지만 부활하는 몸의 상태에 대해서는 견해를 달리했다는 점이 특이합니다.

특히 고린도전서는 부활할 우리의 몸을 분명히 설명합니다. 그것은 썩을 것으로 심고 썩지 아니할 것으로 다시 살아난다는 말씀입니다. 이는 욕된 것으로 심고 영광스러운 것으로 다시 살아난다는 뜻이며, 약한 것으로 심고 강한 것으로 다시 살아난다는 뜻입니다. 여기에는 지상의 몸과 부활할 몸의 연속성과 불연속성이 존재합니다(고전 15:42-54). 부활은 확실한 것이고, 부활체는 지상의 몸과 유사한 형태를 가지게 될 것이며 동시에 지상의 몸과는 차원이 다른 영광스러운 몸이 될 것입니다. 다만 성경은 부활한 몸이 젊은이의 몸이 될지 장성한 몸이 될지, 혹은 머리털과 이빨이 똑같을지에 대해서는 말하지 않습니다. 중요한 것은 부활은 확실하며, 부활의 몸에는 연속성과 불연속성이 있고, 부활체는 썩지 않고 죽지 않고 영광스럽고 영원할 것이라는 사실입니다. 따라서 죽은 자의 부활을 다루고 있는 웨스트민스터 신앙고백서 32장은 이것을 가리켜 '죽은 모든 자들은 비록 몸이 다른 성질을 갖게 되지만 다시 자기들의 영혼과 영원히 결합한 이전과 같은 몸으로 부활하게 된다'고 했습니다.

부활을 부인하는 사람들

하지만 모두가 그리스도인의 몸이 부활할 것이라고 믿은 것은 아닙니다. 초대 교부들과는 달리 신자의 몸이 다시 부활하는 것을 부인한 사람들도 있었는데, 그 대표적인 사람들이 바로 고대 헬라철학의 영향을 받은 사람들입니다. 이들은 이원론에 기초해, 영혼은 불멸하지만 육은 멸절될 것이라 믿었습니다. 말하자면 영원한 삶을 영혼에 국한된 것으로 제한한 것입니다. 그들이 이렇게 생각한 것은 영이 육에 비해 우등하고 육은 죄로 가득한 것이며 불멸하지 않다는 사상 때문이었습니다. 하지만 이것은 성경의 가르침을 정면으로 부인하는 것입니다. 또한 그리스도께서 부활하실 때 영과 몸이 함께 무덤에서 살아나셨다는 것을 거부하는 것입니다. 말하자면 부활은 몸의 부활과 함께 가는 것이며 몸의 부활이 없다면 참된 부활이 아닌 것입니다.

5장에서 언급한, 18세기 이래로 형성된 자유주의 신학과 그 영향을 받은 신학자들도 부활을 성경적으로 역사적으로 인식하지 않았습니다. 또한 이성과 물질과 과학을 중요시하는 현대주의의 영향도 컸습니다. 현대주의의 영향을 받은 사람들은 성경의 이적들을 사실이 아니거나 그저 비유적으로 받아들여야 하는 이야기 정도로 치부해 버립니다. 하나님의 신적 계시로서의 성경 말씀을, 믿어야 할 신앙의 내용이 아니라 이성으로 대체하여 도리어 이성이 성경을 판단하는 주체로 작용하게 만듭니다. 즉 그들은 성경을 믿는 것이 아니라 자신의 이성이나 경험을 숭배하는 것입니다.

하지만 중병에 걸린 환자가 의사에게 자신의 이성이나 경험에 근거해서 몸의 수술을 맡기지는 않습니다. 환자는 의사를 믿고 자신의 몸을 맡깁니다. 자유주의 신학자들은 스스로 자신의 몸을 집도하는 의사가 되어버린 형국입니다. 그들에게는 병을 고칠 능력도, 죽음에서 헤어 나올 소망도 없습니다. 그들이 아무리 이성과 경험의 합리를 강조한다 할지라도, 그리스도의 부활과 신자의 부활을 부인한다면 그들에게 그 어떤 유익이나 위로는 없을 것입니다.

몸이 다시 사는 부활이 주는 유익과 위로

그리스도인에게 몸이 다시 사는 부활은 엄청난 유익과 위로를 제공합니다. 하이델베르크 교리문답 57문답은 몸이 다시 사는 것이 우리에게 주는 위로를 가리켜 '이 생명이 끝나자마자 내 영혼이 머리이신 그리스도께로 올려질 뿐 아니라 내 몸도 그리스도의 능력으로 다시 살리심 받고 내 영혼과 다시 하나 되어 그리스도의 영광스러운 몸과 같이 될 것입니다'라고 답하고 있습니다.

그리스도인이 죽으면 그 영혼은 몸과 분리되어 즉시 낙원으로 올려집니다. 죽음 이후의 영혼은 살아 있는 실재요 불멸하는 존재입니다. 따라서 그 영혼은 그것을 주신 하나님께로 즉시 올라가 하나님과 그리스도 앞에 서게 됩니다(빌 1:23, 고후 5:8). 반면 그 육신은 땅속에 묻혀 썩게 됩니다. 그러나 그 육신조차 하나님께서 다시 살리시는데, 그리스도께서 재림하실 때에 그렇게 될 것이며 그때 부활하는 몸은 하늘에 있는 영혼과 결합되어 하늘에서 살 수 있는 완전하고도 영광스러운 부활체가 될 것입니다. 바울은 이것을 비밀이라 말하면서 "우리가 다 잠 잘 것이 아니요 마지막 나팔에 순식간에 홀연히 다 변화"될 것이라고 표현했습니다(고전 15:51). 그리고 그리스도인들은 바로 이날에 영광의 주님이 되시는 그리스도와 함께 영원히 거하게 됩니다.

그리스도인은 이러한 부활을 통해 그리스도의 영광스러운 몸과 같아져서 심판 날에 공개적으로 주님의 인정을 받으며, 죄 없다 함을 얻고, 영원토록 하나님을 즐거워하는 완전한 복락을 누리게 될 것입니다(웨스트민스터 소교리문답 38문답). 그러니 또 다른 의미에서는, 이 위로와 유익이 있는 사람들이 지금 현재 부활을 경험하는 것이라 할수 있습니다. 몸이 다시 사는 것과 영생은 죽음 후에 발생하는 일이지만, 지금 여기서 우리가 그 유익을 통해 몸의 부활을 미리 맛보는 것입니다. 이것은 구원받은 모든 그리스도인들의 특징 가운데 하나입니다. 바울은 로마서에서 "누가 우리를 그리스도의 사랑에서 끊으리오"라고 물으면서 죽음도 그렇게 할 수 없다고 확신 넘치게 선포합니다(롬 8:35-39).

그래서 바울은 그리스도인에게 끊임없이 믿음으로 살라고 말하며, 믿음의 창시자요 온전케 하시는 이인 예수 그리스도를 바라보라고 독려하는 것입니다(롬 1:17, 히 12:2). 왜냐하면 부활은 죽음 후에 벌어질 일이지만 신자는 지금 여기서 믿음으로 미리 그것을 경험해야 하기 때문입니다. 따라서 성도의 부활은 몽상가의 막연하고도 희미한 기대가 아닙니다. 그것은 천지와 만물을 지으시고 온우주와 역사와 특별히 사람을 지으시고 통치하시는 전능하신 하나님의 엄중한 약속이요 명령입니다. 사도신경의마지막 고백 가운데 하나인 이 몸의 부활에 대한 고백이 이 세상의 눈물 골짜기를 걸어가는 우리 모두에게 놀라운 위로와 소망이 되기를 간절히 소원합니다.

【 생각해 볼 문제 】

1. 우리의 몸의 부활을 믿는 것은 무엇에 근거합니까?

2. 역사적으로 부활에 대한 다양한 논쟁이 있었습니다. 이 논의
   들을 정리해 보고 고린도전서 15장의 말씀과 비교해 봅시다.

3. 역사적으로 부활을 부인한 다양한 사상과 이론들을 정리해
   보고 그들의 주장에 어떤 문제점들이 있는지 생각해 봅시다.

4. 부활의 유익을 지금 현재 어떻게 누릴 수 있을지 함께 생각해
   봅시다.

12장

영원히 사는 것을 믿습니다!

주요 용어 : 영생, 영혼수면설, 중간상태,

인간 본성의 4중 상태, 영생의 유익

이제 우리가 살펴볼 사도신경의 마지막 고백은 '영원히 사는 것을 믿습니다'입니다. 지난 장에서 우리는 몸이 다시 산다는 것, 즉 몸의 부활을 살펴보았습니다. 몸이 부활한다는 것은 사람의 몸이 죽음으로 멸절되지 않고 그 생명이 계속된다는 것을 전제합니다. 그리고 이 부활은 이제 마지막으로 살펴볼 영원히 사는 영생의 삶과 관계가 있습니다. 부활이 기독교 신앙의 근본적 소망이라면 영원히 사는 것은 기독교 신앙의 궁극적 소망입니다.

성경이 말하는 영생의 확실성

영생이란 무엇입니까? 문자 그대로 영원한 생명입니다. 이는 죽지 않고 생명이 계속 이어지는 것을 가리킵니다. 우리는 예수님께서 친히 하신 말씀을 통해 영생의 의미를 파악할 수 있습니다. 마르다와 마리아의 오라비인 나사로를 살리러 가셨을 때 예수님은 이렇게 말씀하십니다. "나는 부활이요 생명이니 나를 믿는 자는 죽어도 살겠고 무릇 살아서 나를 믿는 자는 영원히 죽지 아니하리니 이것을 네가 믿느냐"(요 11:25-26). 즉 영생이란 죽어도 사는 것이며 영원히 죽지 않는 것입니다. 또한 주님은 계속해서 최후 심판에 대해 말씀하시면서 악인들은 "영벌에 의인들은 영생에 들어가리라"라고 말씀하셨습니다(마 25:46). 기독교 신앙에 있어서의 영생의 확실성은 예수님의 말씀만으로 충분하겠지만 예수님의 제자들의 증언에서도 여실히 드러납니다. 바울은 영생이 그리스도 예수 우리 주 안에 있다고 했고, 사도 요한은 우리에게 영생이 있음을 알게 하려고 편지를 쓰고 있다고 밝혔으며, 유다는 자신을 지키며 영생에 이르도록 예수 그리스도의 긍휼을 기다리라고 권면했습니다(롬 6:23, 요일 5:13, 유 1:21).

예수 그리스도께서는 자신을 가리켜 부활이요 생명이

라고 말씀하셨고, 실제로 우리를 구원하시기 위해 죽으신지 사흘 만에 무덤에서 다시 살아나심으로 그 말씀을 증명하셨습니다. 따라서 이것은 예수님께서 믿음 안에서 죽은 모든 자들, 즉 잠자는 자들의 첫 열매가 되시며 그를 따라 우리도 부활하여 영원히 살 것을 웅변적으로 증거해 주는 말씀입니다.

영생에 대한 잘못된 이해: 영혼수면설과 중간상태

역사적으로 그리스도인들이 영생을 믿은 것은 사실이지만 부활 이후 영생으로 진입하는 과정에 대해서는 이견이 있었습니다. 그리고 이러한 이견은 역사와 신학이 발전하면서 차츰 교정되어 왔습니다. 그 가운데 하나가 바로 영혼수면설입니다. 영혼수면설은 사람이 죽을 때 그 영혼이 몸과 분리되어 육체는 땅 속에 묻히고 영혼은 낙원에서 잠을 자며 쉬고 있다는 교리입니다. 이 교리는 신약성경에서 때때로 인간의 죽음의 상태를 잠을 자는 것으로 표현하고 있기 때문에 설득력이 있어 보입니다. 이뿐만 아니라 이 세상에서 인간의 생명이 육체와 영혼의 결합이라 보았을 때 육체와 영혼의 분리를 의미하는 죽음의 상태는 육체가 땅에 묻히듯이 영혼의 의식이 활발하지 않은 것으로

추정할 수 있습니다. 17세기 재세례파들이 이러한 교리를 주장했고 오늘날의 안식일교인들도 이러한 교리를 주장합니다. 하지만 영혼수면설은 죽음을 잠으로 비유한 성경을 문자적으로만 해석한 오류이며, 동일한 성경에 의해 부정됩니다. 죽은 나사로는 아브라함의 품에 있었고 거기서 위로를 받고 있습니다(눅 16:22, 25).

마찬가지로 죽어서 음부에 떨어진 부자 역시 아브라함과 대화하는 의식이 분명한 상태에 있었습니다. 부자는 살아 있을 때 믿음으로 살지 않은 결과 죽어서 고통을 받는 상태에 처했습니다(눅 16:19-31). 바울은 세상을 떠나서 그리스도와 함께 있는 것이 훨씬 더 좋은 일이라고 말했습니다(고후 5:8, 빌 1:23). 프롱크 목사님 역시 이 부분을 강해하면서 '영혼 수면설은 그리스도의 영광과 그 백성의 행복을 앗아가 버린다'고 강력하게 비판합니다.

다른 하나는 중간상태에 대한 논란입니다. 앞서 말씀드린 바와 같이 바울은 몸을 떠나 그리스도와 함께 있고 싶다고 고백했습니다. 어떤 이들은 중간상태에 대해 설명할 때 주님이 십자가에 달리셨을 때 함께 십자가에 달린 행악자 가운데 한 강도에게 하신 주님의 말씀을 예로 들곤합니다. 그것은 바로 "오늘 네가 나와 함께 낙원에 있으리라"는 말씀입니다(눅 23:43). 그들은 이 말씀을 음부의 상태나, 또는 주님이 재림하실 때에 발생할 죽은 자의 몸의 부활, 즉 몸과 영혼이 합쳐질 때까지 기다리는 중간 상태의 장소라고 주장합니다. 그러나 주님은 강도에게 오늘 네가 나와 함께 낙원에 있으리라고 하셨습니다. 낙원은 주님과 함께 거하는 하늘의 영광 가운데 있는 상태를 의미합니다. 의식이 없거나 몽롱하거나 그저 육체의 부활만을 기다리며 잠을 자는 장소가 아닙니다. 성경이 신자의 죽음을 "잠"이라고 표현한 것은 육체의 휴식을 의미하는 비유이지 하늘의 영광에 거하는 영혼의 무의식을 의미하지 않습니다. 그러므로 강도는 바로 그 죽음의 순간에 그리스도와 함께 하늘의 영광스러운 상태에 진입한 것입니다.

이러한 중간상태 사상은 속사도 시대부터 거슬러 올라갑니다. 루이스 벌코프에 따르면 교부들은 그리스도께서 곧 재림할 것이 아니라는 생각이 분명해지자 죽음과 부활과의 중간에 한 상태가 있다는 것을 생각하기 시작했으며 그 실례로 저스틴, 이레니우스, 터툴리안, 암브로우스, 씨릴 등을 지목합니다. 이들은 일반적으로 경건한 사람의 영혼은 가장 좋은 곳에서, 불의하고 악한 자들의 영혼은 가장 나쁜 곳에서 심판의 날을 기다린다고 믿었습니다. 오리겐은 그리스도께서 전 시대의 의인들을 음부로부터 낙원으로 옮겨 오셨기 때문에 낙원은 세상을 떠난 모든 성도들의 거처가 되었다고 가르쳤습니다. 시간이 흐르면서 이러한 사상은 낙원에 정화(purification)의 불이 있다는 사상으로 발전했고, 중세 스콜라 신학자들과 로마 가톨릭 교회는 이것을 트렌트 공의회를 통해 낙원이나 아브라함의 품이라는 연옥과 선조 림보 교리로 다시 한번 발전시켰습니다. 루터와 칼빈은 로마 교회의 연옥설과 그릇된 중간상태 교리를 성경에 위배되는 것으로 강력하게 비판했습니다.

요약하자면, 신자가 죽으면 그 육체는 땅에 묻히고 그 영혼은 낙원, 아브라함의 품, 하늘의 영광으로 진입하여 그리스도와 함께 거하며, 인간의 육체는 썩지만 인간의 영혼은 불멸한다는 것입니다. 이것은 하나님께서 사람의 영혼을 영생하는 영혼으로 만드셨기 때문입니다. 요즘 현대 과학과 이성의 눈부신 발전으로 인간의 부활과 영생을 과학적으로 정의하고 규명하려는 시도가 있지만, 인간의 몸과 영혼이 죽지 않고 영생한다는 사실은 하나님의 계시에 근거를 둔 그리스도인의 확신입니다. 그리스도인은 성령님의 역사하심을 통해 자신이 부활하여 영원히 살 것을 믿는데, 이 믿음은 단순히 구원받지 못한 이성이나 과학의 추론보다 훨씬 더 강력한 것입니다. 그래서 바울은 자신이 몸을 떠나 그리스도와 함께 거하고 싶다고 그토록 강렬하게 열망했던 것입니다.

영생은 죽음 이후의 사건이 아닌 현재적 사건

바울은 왜 그렇게 몸을 떠나 그리스도와 함께 거하기를 열망했을까요? 바로 그가 영원히 사는 생명을 이 세상의 삶 속에서 경험했기 때문입니다. 믿음이란 미래적 사실에 대한 현재적 경험입니다. 그래서 믿음은 바라는 것들의 실상이요 보이지 않는 것들의 증거인 것입니다(히 11:1). 바로 이것이 왜 예수님께서 니고데모에게 물과 성령으로 거듭나지 않으면 하나님 나라를 볼 수도 들어갈 수도 없다고 하셨는지에 대한 이유가 됩니다(요 3:3, 5). 다시 태어난 신자만이 하나님 나라의 영생의 소망을 경험할 수 있기 때문입니다. 성령님의 역사하심을 통해 바로 이 영원한 삶이 이미 여기서, 이 땅에서 나의 삶을 통해 시작된 것입니다. 아직 완전히 완성되지는 않았지만 이미 시작된 그 영생을, 참된 신자는 썩을 몸 안에 살면서 썩지 아니할 몸을 고대하며 그 하늘의 생명을 미리 맛보고 있는 것입니다.

가시적인 말씀인 성찬은 우리에게 무엇을 시사하고 있

습니까? 우리 주님께서는 내 살과 내 피를 마시는 자만이 영생을 가졌고 내가 그를 다시 살릴 것이라고 약속하셨습니다(요 6:54). 그러므로 성찬은 우리에게 영원한 생명을 보여줍니다. 하나님 아버지의 나라에서 새것으로 마시는 날을 우리에게 계시해 줍니다(마 26:29). 누군가는 마치 어떤 영화의 대사처럼 '나는 오늘만 보고 산다'고 말하지만, 성찬에 참여하는 신자들은 내일을 보며, 영원한 생명을 고대하며 살아가는 사람들입니다. 이 영생의 소망은 신자를 위로하며 이 세상에서의 고난의 삶을 넉넉히 이기게 만들어줍니다.

영생의 소망이 주는 유익과 위로

하이델베르크 교리문답 58문답은 '영원히 사는 것'이 우리에게 주는 위로를 가리켜 '지금 이미 내 마음으로 영원한 기쁨이 시작됨을 느끼기 때문에 나는 이 생명이 끝나고 완전한 복락을 누리게 될 것입니다. 이 복락은 눈으로 보지 못하고 귀로 듣지 못하고 사람의 마음으로 생각하지도 못한 것이며, 하나님을 영원히 찬송하게 하시려고 주신 것입니다'라고 답하고 있습니다. 영생은 이미 시작되었지만 그 영광스러움의 실체는 아직 다 공개되지 않았습니다.

영원한 삶은 우리가 도무지 보지도 못하고 듣지도 못하고 생각하지도 못한 엄청나고 어마어마한 놀라운 사건이 될 것입니다.

저명한 청교도 신학자 토마스 보스턴은 인간 본성의 4중 상태에 대해 죄를 지을 수 있는 상태, 죄를 지을 수밖에 없는 상태, 죄를 짓지 않을 수 있는 상태, 그리고 죄를 지을 수 없는 상태로 구분합니다. 인간본성의 4중 상태는 인간에 대한 탁월한 신학적 통찰이라 할 수 있습니다. 인간의 삶이 비참한 것은 질병과 죽음 때문이며 그 뿌리는 하나님을 반역한 범죄에 있습니다. 의료 과학의 발달로 인간이 백세 시대를 맞이하고 있지만 죽지 않는 인간은 결국 아무도 없습니다. 죽음은 죄의 결과이며 이제 모든 인간은 죽지 않을 수 없는 상태로 떨어져 버렸습니다. 사람이 칠십 세, 팔십 세를 살든, 백 세를 살든 어차피 죽는다면 전도자의 고백처럼 산다는 것이 무슨 의미가 있을까요? 그러나 여기 소망이 있습니다. 여기 영생이 있습니다. 여기 죽어도 다시 살고 살아서 영원히 죽지 않는 소망이 그리스도 안에 있습니다. 그 소망을 끝까지 붙잡고 살아갈 때, 우리는 결국 결코 죄를 지을 수 없는 상태로 진입할 것이고 결코 죽을 수 없는 상태가 될 것입니다. 따라서 그 삶은 신앙고백서가 진술하고 있듯이 영원한 기쁨, 완전한 복락이 될 것입니다. 그날에 하나님의 백성들은 아무런 방해 없이 하나님을 영원히 찬송하게 될 것입니다. 하지만 이 세상에서 하나님의 독생하신 그리스도를 영접하지 않고 복음의 명령대로 살지 않으며 하나님 나라와 교회를 위해 살아가지 않은 모든 악인들은 지옥에 던져져서 말할 수 없는 고통의 형벌을 당하며 하나님이 공의로우신 분이심을 증거하게 될 것입니다.

사도신경의 이 마지막 고백인 '영원히 사는 것'이 힘겹지만 믿음으로 신실하게 살아가는 이 땅의 모든 교회와 신자들에게 놀라운 위로와 궁극적 소망이 되기를 간절히 소망합니다.

【 생각해 볼 문제 】

1. 우리의 몸의 부활과 마찬가지로 영생을 믿는 것 역시 무엇에 근거합니까?

2. 역사적으로 영생에 대한 다양한 잘못된 이해들을 정리해 보고 그들의 주장에 어떤 문제점들이 있는지 생각해 봅시다.

3. 부활과 마찬가지로 영생의 유익을 지금 현재 어떻게 누릴 수 있을지 함께 생각해 봅시다.

4. 기독교 신앙의 핵심이 담긴 사도신경의 12고백 전부가 우리에게 큰 '위로'와 '소망'이 됩니다. 이는 우리가 진리를 어떻게 배우고 적용해야 하는지에 대한 중요한 시사점을 제공합니다. 이에 대해 함께 생각해 봅시다.

나가며

제가 자주 인용하는 두 작가가 있는데 나탈리 골드버그와 소설가 최명희입니다. 나탈리 골드버그는 글을 쓸 때, '뼛속까지 내려가서 쓰라' 했고 장편대하소설 『혼불』을 17년간 완성한 최명희는 '손가락으로 바위를 뚫어 글씨를 새긴다'고 했습니다. 그만큼 글 쓰는 일은 어려운 과업이고 인내심이 필요한 고된 작업입니다. 어떻게 하면 뼛속까지 내려가고, 손가락으로 바위를 뚫듯이 글씨를 새길 수 있을까요?

하지만 본서인 사도신경은 제가 지금까지 쓴 책 중에서 가장 힘을 빼고 썼습니다. 그렇다고 정성을 기울이지 않은 것은 결코 아닙니다. 적지 않은 조직신학, 역사신학 교과

서들과 개혁파 신조들을 참조해서 한 단어, 한 문장을 꾹꾹 눌러 담았습니다. 그럼에도 그것은 사도들의 신앙의 고백에 잠시 숟가락을 얹은 것일 뿐입니다. 사도신경 그 자체가 위대하기 때문입니다.

사도신경은 전능하신 하나님으로부터 시작해서 영원한 생명으로 끝납니다. 오직 전능하신 하나님만이 우리를 영원히 살게 하실 수 있습니다. 오직 주 예수 그리스도만이 우리 죄를 속하실 수 있습니다. 오직 성령님만이 우리의 강퍅한 마음을 바꾸실 수 있습니다. 오직 삼위일체 하나님만이 온 세상과 모든 인류의 유일한 소망이십니다.

사도들은 이를 잘 알고 있었고, 이 사실을 마음으로 믿었으며, 그들의 입술로 고백했습니다. 이후 교회의 지도자들은 이 사도들의 신앙고백을 더욱 정교하게 다듬었고, 모든 성도들과 특별히 교회에 가입하려는 새신자들에게 사도신경을 가르쳤으며, 이를 통해 진실한 믿음의 고백을 확인했습니다. 그리고 그렇게 참되게 고백한 자들에게 세례를 베풀고 교회에 가입시켰습니다.

따라서 이 책 역시 참되고 진실하게 자신의 신앙을 고백하려는 모든 교회의 성도들, 그리고 참되게 세례를 받고 새롭게 교회에 가입하려는 진실한 이들을 위해 유익하게 사용되기를 원합니다. 또한 이 책을 사용하여 성도들을 가르치고 양육하기 원하는 교회의 교사들이 즐겁게 활용하기를 원합니다. 이 책을 중심으로 아래 추천한 '함께 읽으면 좋은 책들'을 참조한다면, 더욱 풍성한 교육이 될 수 있을 것입니다.

책을 편집하고 엮고 만드는 일은 행복한 일입니다. 그것도 내고 싶은 책을 마음대로 고르고 그 책을 낼 수 있다면 그것보다 더 좋은 일은 없을 것입니다. 그 일을 '지우네'가 하고 있습니다. 그리고 그 일을 하는 '지우네'가 행복해 보여 좋습니다. 그런 '지우네'에서 '기독교신앙 바로알기 시리즈'를 시작했는데 저의 책을 첫 번째로 출간하게 되어 저자인 저도 행복합니다.

이 책을 만드는 '지우네'도, 이 책을 쓴 저자인 저도, 이 책이 나오기를 응원하고 지지해 준 사랑하는 가족들과 많은 친구들도, 이 책을 쓸 수 있도록 담임목사의 저술 사역을 언제나 물심양면으로 지지해 주는 올곧은교회 가족들도, 그리고 지금 이 책을 들어 읽고 있는 여러분 모두도 우리의 유일한 소망이요 위로가 되시는 구세주 예수 그리스도 안에서 진정으로 행복해지기를 기도하며 소망합니다.

【 함께 읽으면 좋은 책들 】

◇ 벤 마이어스, 『사도신경 초대교회 교리문답 가이드』 (솔라피데출판사, 2021)

◇ 이승구, 『사도신경』 (S.F.C. 출판부, 2019)

◇ 앨버트 몰러, 『오늘 나에게 왜 사도신경인가?』 (생명의말씀사, 2019)

◇ 제임스 패커, 『사도신경』 (아바서원, 2012)

◇ 카스파르 올레비아누스, 『굳건한 토대』 (도서출판 언약, 2022)

◇ 코르넬리스 프롱크, 『하이델베르크 교리문답으로 보는 사도신경』 (그책의사람들, 2013)

The Apostles' Creed